编 委 会

组织编写：北京大学招生办公室
顾　　问：初育国　刘明利
主　　编：秦春华
副 主 编：舒忠飞　王亚章　林　莉
　　　　　　卿　婧　易　昕　熊光辉

竞赛也给力

——32名北大新生谈竞赛学习的方法、技巧、习惯

秦春华 主编

北京大学出版社
PEKING UNIVERSITY PRESS

图书在版编目(CIP)数据

竞赛也给力：32名北大新生谈竞赛学习的方法、技巧、习惯/秦春华主编．—北京：北京大学出版社，2013.9
（梦想北大丛书）
ISBN 978-7-301-22851-7

Ⅰ.①竞… Ⅱ.①秦… Ⅲ.①中学生－学生生活－文集 ②中学生－学习方法－文集 Ⅳ.①G635.5-53

中国版本图书馆 CIP 数据核字(2013)第 158090 号

书　　　名：竞赛也给力——32名北大新生谈竞赛学习的方法、技巧、习惯
著作责任者：秦春华　主编
责 任 编 辑：赵学敏
标 准 书 号：ISBN 978-7-301-22851-7/G・3663
出 版 发 行：北京大学出版社
地　　　址：北京市海淀区成府路 205 号　　100871
网　　　址：http://www.pup.cn　新浪官方微博:@北京大学出版社
电 子 信 箱：zyjy@pup.cn
电　　　话：邮购部 62752015　　发行部 62750672
　　　　　　编辑部 62756923　　出版部 62754962
印　刷　者：北京大学印刷厂
经　销　者：新华书店
　　　　　　650 毫米×980 毫米　16 开本　15.25 印张　190 千字
　　　　　　2013 年 9 月第 1 版　　2013 年 9 月第 1 次印刷
定　　　价：28.00 元

未经许可，不得以任何方式复制或抄袭本书之部分或全部内容。
版权所有，侵权必究。
举报电话：010-62752024　电子信箱：fd@pup.pku.edu.cn

序

北京大学校长　王恩哥

北京大学创建于1898年。作为我国近代建立的第一所国立综合性大学，北京大学始终与国家民族的命运紧密相连。从"百日维新"孕育的京师大学堂到位列当今世界名校"50强"，从"五四"新文化运动的呐喊到"团结起来，振兴中华"的时代强音，从最早传播马克思主义、中国共产党的创立到"小平您好"的问候，从高擎民主与科学的火炬到始终坚持"实践是检验真理的唯一标准"，一个多世纪以来，北京大学始终是中国思想文化领域的引领者，是代表"爱国、进步、民主、科学"的一面旗帜。胸怀家国天下的北大人，总是向着"好的，向上的方向"奋斗，为民族的独立与解放、国家的振兴与发展、社会的文明与进步作出了不可替代的贡献。这些贡献使北大远远超越了一所高等学府的有形存在，成为无数青年学子和现代人文学者、科学家所向往并依恋的精神家园。这种文化的向心力和精神的魅力，历久弥新，必将继续影响当代中国社会的进程和发展。

作为人类智慧和知识产生、汇集和传播的场所，大学承载着人才培养、科学研究、社会服务和文化传承创新等重要使命。大学之所以成为大学，最根本的就在于她具有穿越时空的精神力量和文化价值。大学精神的影响，不仅局限于校园之内，更有助于生成和塑造一个民族的精神内核和文化品格。一个优秀的民族，必然拥有能够体现本民族文化精髓的一流大学；一个强大的国家，必然拥有能够代表本国先进生产力的著名学府。文脉即国脉，古今中外，概莫能外。

当今世界，国家与国家之间的竞争，越来越多地体现在其所拥有的顶尖大学之间的较量。一所杰出的、一流的大学，其宏大而明确的抱负，就是要在知识的各个主要领域达至卓越，并以其源源不断的杰出人才保持和延续这种竞争力。如今，以北京大学为代表的一批中国高校，在创建世界一流大学的道路上已经迈出了坚实的步伐。截至目前，北京大学已有18个学科进入全球学术和科研机构的前1%，学科实力、科研水平和教育教学质量总体达到了世界先进水平。

我们一刻不停地在努力，并且永不止步地追求更高更远的目标。北大人也充满了自信和期待：有朝一日，当北京大学的学者以其杰出的学术成就赢得国内外同行发自内心的尊敬；当北京大学的学生在世界任何一个地方就职都能以其实力赢得肯定和信任；当北京大学在过去与未来解决了国际前沿、国家急需的重大问题，并起到创新人类文明、引领社会发展的作用；当提到"北大"两个字时，我们的师生、校友，我们的同行、朋友，世界各地熟知或不熟知我们的人都能发自内心地肃然起敬。那时的北京大学，应当就是当之无愧的世界一流。这是北京大学奋力前行的目标，也是新的时代赋予北大义不容辞的历史担当。

"中国梦"是中华民族的共同梦想，"中国梦"也是由我们每个人、每个群体一个个梦想所组成。北京大学将是同学们圆梦的理想地方——你们将在这里接受最好的本科教育，你们的个性将得到最充分的尊重，你们的才华将在最广阔的舞台上得到展现。一个人要有梦想，一所大学也要有梦想。在北京大学这个追求思想自由的地方，这个精神与文化的圣地，我们每个人的梦想可能各不相同，但在所有这些梦想中，我们都有一个共同的愿望——那就是希望北京大学的明天更加美好。这个"北大梦"将激励着我们戮力同心、不懈努力。

亲爱的同学们，金秋九月，一段精彩的大学时光在等待着你们。我真诚地欢迎你们加入北大人的行列！让我们从燕园起步，共同为实现伟大的"北大梦"、"中国梦"做出自己无愧于历史的贡献！

北京大学校长
中国科学院院士
发展中国家科学院院士

2013年4月

目 录
Contents

1 ▶ 北上

  我的高三是跌宕起伏的，可又有谁的高三风平浪静呢？回顾高三这一年，我想，无论处于何种境地，第一位的，是相信自己。相信自己能考好，给自己希望的光芒，才能照亮前进的道路。面对各种考试成绩，保持一颗平常心，考好了，不要欣喜若狂，考差了，也不必灰心丧气。

9 ▶ 一个竞赛保送生的一些见解

  一开始不要做大量的题目。基本上所有竞赛的基础书籍都是按照"例题＋习题"的方式编写的，"啃"完例题，认真完成习题，把这些知识点认认真真掌握并巩固，才是最重要的。

17 ▶ 以爱之名

  当初选择了竞赛，就是因为简简单单的喜欢，并没有什么功利的因素；后来学习了更多的知识，动机也是那样纯洁；现在我来到北大，我感到无比荣幸，终于，我爱的物理把我带到了这里。

25 ▶ 分享喜悦

  自学，它的重点不仅在于学到知识，更重要的是自己去选择学习的内容和方式，去安排规划学习的进度和时间，去督促自己完成特定的目标，然后你就能够成为自己真正的学习支配者。

33 ▶ 笑看回忆

  我注重听和理解，不大会系统地记笔记，不仅因为我不喜欢一边听一边记一边理解，同时也涉及我个人时间的利用问题。"竞赛人"平时空余时

间不会充裕,所以我基本不会有兴致去细细看之前的笔记。

39 ▶ 追梦三忆

　　竞赛获奖让我圆梦北大,但在学习竞赛的经历中我的收获已经超过了那张录取通知书。我培养了自己的自学能力,结识了一群并肩奋斗的战友,对于科学有了全新的认识,养成了静下心来去思考问题的习惯。

46 ▶ 与目标同行

　　与目标同行,与成功同行。一路上,目标指挥着我、引导着我、推动着我、鼓励着我,让我奋勇前行;在各个关键时期,目标一直起着各种关键的作用。

53 ▶ 漫谈学习经验与方法

　　坚定的信念,为构建自己强大的心理能力提供了基石,使自己即使身处挫折之中,也不会退缩、放弃;在自己情绪低迷的时候,提醒着自己该做的事,该继续的梦。具备了永不屈服的信念的人是强大的,因为他虽然可能会失败,但是永远不会被打倒。

60 ▶ 学科竞赛的学习经验谈

　　化学竞赛是一条漫长的路途,但是无论如何,选择了这一条路,就要坚定不移地走下去。在这漫漫长路中,你将学会自信、学会宽容、学会互助、学会坚强。几十年后,这段竞赛生活还会提醒你,你拥有一份宝贵的财富,即曾经奋斗过的光辉岁月和真挚的友谊。

65 ▶ 稳扎稳打,玉汝于成

　　一是成功的取得绝不是偶然,机会总是青睐有准备的人,唯有稳扎稳打,才能取得优异的成绩;二是要多吸取别人的学习经验和方法,尤其是在自己遭遇学习上的瓶颈时。

69 ▶ 雨的记忆

　　回望那曾经的雨季,却发现那令自己嬉笑怒骂的历程一去不复返了——在宿舍之夜的挑灯夜战,在课堂上犯困的迷离双眼,偶尔忙中偷闲的一盘三国杀……都不再回来,如今已然可望而不可即了。

75 ▶ 我的感悟

千万别偏激地理解自信。自信只有和理智在一起才不至于成为自负。理智地判断什么时候听劝，什么时候勇敢，相信离目标就越来越近了。

82 ▶ 我的高中

高中的知识点多，并且往往较散，但很多题又要求我们能综合应用各种知识来进行解答，所以总结归纳、将各知识点以网络的形式进行联系就显得尤为重要了。

90 ▶ 浅谈高中学习

收集错题，有时间的同学可以做错题本，把错题剪下（最好另找一张空白试卷来剪，免得损坏试卷），也可以简略记录。我用的方法是把写过的试卷分科目放好，到考试前，就一科科地拿出来看，这样大量地看错题也能发现自己的缺陷。

98 ▶ 青春将一直灿烂

最重要的是要自己理解知识的内涵，即要有自己思考琢磨的时间，这样才能真正消化知识，找到事物的内在联系，在脑海中形成一个系统，无论出什么样的题，便都能分析明白来龙去脉，抓住知识的根本了。

106 ▶ 心湖蓄水

理科生，走出符号公式的理想国，用心去体会博大精深的中华文化和文字，毕竟语言文字是我们生活的基石，同样也可以给我们学术上的启发；文科生，抛开虚无缥缈的乌托邦，也去涉猎一下周期表、相对论，毕竟这些看似枯燥乏味的事物构筑了我们生活的物质世界。

113 ▶ 十二年的等待

在行动之前，什么冠冕堂皇的理由都只是借口，不去做怎么知道自己做不到。我总以为自己不敢与长辈交流，不敢在陌生人前发言，但实际上，我也可以表现得很不错。

118 ▶ 长风破浪会有时

在决定学习竞赛之前应当对自己有理性的分析：是否能胜任？是否能坚持？切记不可盲目跟风，也不可因为某一竞赛好拿奖就学习之，更不要

竞赛也给力

半途而废,毕竟高中的时间是有限的。

130▶ **我的数学竞赛之旅**

　　同一道题,亲手做和直接看答案收获是完全不同的,只有亲手尝试,了解到题目的解决过程中哪些环节有困难,看到答案时才能对答案的解法有比较深刻的理解,才能对自己日后解题时形成解题思路有所帮助,直接看答案则往往很难理解一些操作的巧妙之处。

136▶ **我谈竞赛保送**

　　想要取得好成绩,关键有两点:积累和悟性。积累是指增加知识储备,这包括语文基础知识的积累、英语的单词积累、数理化的公式、定理和方程式的积累。悟性是指答题的技巧方法,这需要在不断的练习中积累经验,归纳总结,举一反三,灵活运用。

144▶ **漫想**

　　我觉得在学习上最重要的品质就是踏实,姑且不论天资是否在人与人的比较中有所差别,踏实的态度恐怕是每个人通向自己成功路上的不二法门。踏实的具体表现,其一是上课认真听讲,其二是及时总结。

152▶ **那时星光**

　　如果有能力在开学初学习不紧张的时候拿出一天,把新学期要学的东西通通看一遍,把不会的和完全没看懂的圈出来,以后在预习的时候重点看,也是非常好的。

160▶ **高中拾零**

　　做题究竟做多少合适?我感觉,做一类题,做到这个知识记住了,在题里会用了,就够了。如果有一天忘记了,再做一遍,记起来,也就达到了目的。

167▶ **保送——竞赛的副产品**

　　何谓有针对性?就是要根据自己的情况,在一段时间内,找到一个自己最需要学习和钻研的地方,并集中火力拿下,而不是泛泛而学,左翻翻右看看。

174 ▶ 时空朗阔，回响铮铮

高考前十天，我们自主复习了。我仔细审度，完全放弃了语文、英语、物理这三科的复习。对于化学、生物，决定抽一点儿时间看看教材就可以了。剩下的时间，全部复习数学。借了笔记，把高中数学过滤一遍。

182 ▶ 狭路相逢勇者胜

数学考的绝对不是难题，最后一题的压轴有时只有区区 4 分，不做又怎么样呢？还有 146 分啊，前面错一个选择或填空，解析几何和函数的压轴部分都不做，也还有 130 这样的高分。所以，我把数学考试看作两部分——130＋20。

189 ▶ 高中的学习感受

解一道竞赛题就像是让你在一道鸿沟上架桥，从一头走到另一头，每一块桥板都要自己去找，所以每找到一块桥板，其作用就会鲜明地体现出来，而且架桥的人能够清楚知道每块桥板是如何衔接起来的。

197 ▶ 高中竞赛之我见

无论是竞赛，还是基础功课，做题总是必不可少的。但是做题多和成绩好之间并没有直接的联系。

205 ▶ 高中的最后一次总结

课后一定要花时间去理解课本，而不是选择一味地完成作业，然后有时间就看教辅资料。事实上，做作业之前理解了教材，可以提高做题效率，而且做题的同时也会不自觉地回想刚看的教材，这样就基本可以掌握当天的教学内容，然后再去看教辅资料也会是一个很轻松的事情。

210 ▶ 学习生活我做主

做什么作业都要花费时间，而人的时间又总是有限的，所以在考虑某项作业是否值得做的时候，一定要看在做这项作业的时候，在单位时间内能给自己带来多大的收益，要选择收效最大的作业去做。

215 ▶ 数学之我见

　　学数学绝不是死记硬背，更不是成天疯狂刷题的题海战术，而是需要对各个知识点以及对它们之间关系的领悟。毕竟做过的题不可能一直全部记得，当你真正领悟好了，你便会觉得学数学并不困难。

221 ▶ 三年磨一剑

　　要记住最终的拿奖是对你探索科学的肯定，而不能作为学习竞赛的目的。如果仅仅是为了升学的筹码而去学习，那么只有浪费时间和精力了。

231 ▶ 后记

北　　上

> 我的高三是跌宕起伏的，可又有谁的高三风平浪静呢？回顾高三这一年，我想，无论处于何种境地，第一位的，是相信自己。相信自己能考好，给自己希望的光芒，才能照亮前进的道路。面对各种考试成绩，保持一颗平常心，考好了，不要欣喜若狂，考差了，也不必灰心丧气。

姓　　名： 智天成
录取院系： 信息科学技术学院
毕业中学： 江苏省泰州中学
获奖情况： 全国青少年信息学奥林匹克联赛（省级赛区）一等奖
　　　　　　全国高中应用物理竞赛三等奖
　　　　　　江苏省中学生物理奥林匹克竞赛一等奖
　　　　　　江苏省中学生数学奥林匹克竞赛二等奖
　　　　　　江苏省中学生化学奥林匹克竞赛三等奖

　　有了高铁和机场，北京似乎并不那么遥远。然而，北上的路却是艰辛的，正如飞行时难免遇上不稳定的气流。

　　我曾很向往北大，但当我看到未名湖其实就是普通一湖，而博雅塔就是普通一塔时，多少有些失落。然而现在我发现，真正值得品味的，不是看到的美景，而是为了大学能与"一塔湖图"相伴而奋斗时所体会到的一切。

对中学生竞赛的思考

想必大家对于"竞赛"二字并不陌生,然而真正懂"竞赛",会"竞赛"的,恐怕为数不多。

对于中学生竞赛,现在社会上有着这样两种看法:一是中学生竞赛剥夺了学生娱乐的权利,将学生推入可怕的深渊;二是中学生只有参加竞赛才会有出路,不参加竞赛等于少了一次机会,也相当于落后一步。

有这样两种极端看法的人,我想他们并不真正懂竞赛。对于第一种人,倘若竞赛真的是洪水猛兽,那为什么会有那么多优秀的学生喜爱竞赛,甚至在不得不与竞赛作别时写下留念的文章?对于第二种人,既然对于每个中学生来说竞赛都非参加不可,那么为什么不直接将竞赛内容加入到日常学习中去,而是作为可选项目呢?

我想,对于是否参加竞赛、参加什么竞赛,要看学生是否有兴趣、有能力参加。若无兴趣、无能力,那学习的过程必然是痛苦的,学习的效率必然是低下的。最坏的是学生自己不想学竞赛,却被各种压力逼着去学,那么就是浪费时间,不如不学。而的确有兴趣、有能力的学生则完全可以把竞赛当作另一种形式的娱乐,我就有这样真切的体会。

我从小学五年级开始接触信息学竞赛(简称 OI),从 Basic 到 Pascal 再到 C 语言,至今已有七八年了。一开始我并不是很了解程序设计,只是觉得能用程序指挥电脑是一件很神奇的事,才走进了 OI 这片天地。由于很多同学是从小学四年级开始学的,所以我一上来就掉了一大截。而老师也不可能重新再讲基础知识,我只能成天捧着 Basic 的书自己看,自己研究。看着看着我竟然入了迷,就好像掉进了蜜罐,再也拔不出来了。从此,我学会了自学,无论是从书本上还是网络上。当然,光自学肯定是不够的,老师的讲课也很重要,包括外出听课学习。但是,我一直持有这样一种观念:信息学作为一个新兴的学科,更新的速度很快,老师讲的方法未必是最好的,而往往在自己做题和同学的相互交流中可以发现更好的办法。事实证明确实如此，2011年的比赛中我有一道满分的题目用的方法正是外出学习时与舍友交流时学会的。

即使学会自学，认真听讲，善于交流，学习信息学竞赛仍然会遇到一些瓶颈。比如理解递归的思想，我用了近一个月才绕过了这个弯。但我终究突破了瓶颈，而有些同学却在瓶颈处徘徊不前，甚至放弃。遇到瓶颈并不可怕，主要是调整好心态，相信自己，另外要多花时间，多问几个"为什么"。这样，瓶颈便不再是难题了。

与其他所有竞赛一样，信息学竞赛同样需要大量的练习。借助于网络，题目可谓无穷无尽。一般来说，最好针对自己的特点制订一个做题的计划，可以按专题、按难度等来排，这样一来做到心中有数，二来自己看到计划逐步被实施也会增强自信。如果实在不知道应该做什么题目，也可以求助于老师，老师一般都会提供一些质量高、适合自己的题目。

除了OI，我还参加了其他的一些竞赛。关于这一点，我想说，可以参加不同的竞赛，但一定要做到有主有次，千万不能平均用力。否则，功利一点讲，拿五个三等奖也不抵一个一等奖。比如我，重点放在信息学和物理上，实践证明，这两个学科花的时间最多，收获也最多。

也许有的人认为，学竞赛的作用只体现在学习上，甚至只是为了拿奖从而获得一个名牌大学的敲门砖。其实学过竞赛的人都知道，竞赛带给学生的，不仅仅是一张获奖证书。

"不经历风雨，怎能见彩虹？"每一张奖状背后都有故事。学习中总要跌倒，学习竞赛更是这样。大量的比赛和高难度的题目对学生来说都是挑战。而跌倒让参加者学会了爬起，体验了友谊，懂得了互助。学竞赛经常需要外出，这又锻炼了学生的自理能力和与人沟通的能力。也许再过几十年，获奖证书早已失去了实际价值，但通过竞赛培养的战胜困难的勇气、建立的友好人际关系，以及强大的自理和沟通能力仍然是有意义的。一般来说，信息学的学习时间较长，外出次数较多，交流面广，学生都比较优秀，所以更能够体现出这一点。另外，信息学有学生

授课和团队赛的传统，所以还可以培养语言表达能力和团结合作精神。

说说心态

有人说："没经历过高三的人生是不完整的。"的确如此，疯狂的高三，考验着学生的智力、耐力、体力，但最重要的，是考验了重压下的心理承受力。

高三充斥着大大小小的考试，每个人的成绩不可能一直平稳上升，难免有些波澜，甚至一会儿升入高空，一会儿坠入深谷。就在这起起伏伏之中，学生和家长的心也随之坐着过山车。

我的高三就是这样度过的，而且是高考、竞赛和自主招生的交响乐。因为竞赛和自主招生的任务繁重，所以学校里的一些考试我并没有参加，因此这里主要说一下后两者。先是物理竞赛，由于第一天理论的分数很是让人纠结，所以我当晚根本没有睡着，虽然第二天仍有惊无险地进入了实验比赛，但再也没有精力去摆弄那些实验仪器了，所以我只是江苏省一等奖，却没有保送资格。没多久，我又带着物理竞赛的遗憾去参加了数学竞赛，可是这次的成绩更惨，只有二等奖。我算是心情跌入了低谷，甚至开始怀疑参加竞赛是否有价值，我是不是该老老实实走高考这座独木桥。

可是我并不是一个随意就放弃的人，所以还是参加了北大校长实名推荐的选拔。为了这次选拔，我做了很多准备，从知识面的扩充到自我介绍的反复修改，每一个方面我都努力做到最好。答辩的那一天，我回答得很流利，很到位，也赢得了观众的掌声。答辩结束后，我高兴得像只兔子，几乎是蹦着回家的，满以为推荐名额已是囊中之物。可是晚自习时，我听到的推荐生却是另一个名字。我的心似乎瞬间冻结了，想哭却又哭不出。

但我相信自己，相信我一定能凭自己的能力上北大。于是我擦干眼泪，第二天上学时仍与平时一样。果然，上帝是不会偏心的，当天下午我便得到了获得信息学保送资格的消息。我的北大之梦又重新燃起，开始认真准备北大保送生考试。保送生考试可谓是优中选优，所以尽管我已经很努力，可最终还是因为面试上的失误痛失了保送机会。就在我迷惘与失落时，北大的学长给了我安慰与希望。他说，保送生考试很难通过，不通过很正常，而且还有自主招生的机会，一定要相信自己。去年，他就是保送生考试失手，通过自主招生加了20分从而进入了北大。

在接连的失利之后，我没有灰心丧气，因为不愿服输。我利用一个寒假的时间仔细研究了北京大学自主招生考试笔试的特点，并加大练习量，做的题甚至可以堆满一张课桌。同时我也认真分析了面试的特点，总结了保送生考试的经验教训。功夫不负有心人，我在自主招生考试中发挥得很好，由于笔面试总分居全省第一，所以我又幸运地重新获得了保送资格。

我的高三是跌宕起伏的，可又有谁的高三风平浪静呢？回顾高三这一年，我想，无论处于何种境地，第一位的，是相信自己。相信自己能考好，给自己希望的光芒，才能照亮前进的道路。面对各种考试成绩，保持一颗平常心，考好了，不要欣喜若狂，考差了，也不必灰心丧气。老师说，心态决定了50%的分数，其实一点也不夸张。要是一场考试就被打趴下了，那面对高考战场，又怎能做到临危不惧呢？

为了拥有一个良好的心态，还要为自己定一个恰当的目标。目标太低，没有前进的动力也没有实际的意义；目标太高，难以实现，容易使自己丧失信心。有了正确的目标的指引，而且每天都能看到自己离既定目标更近一步，心理上就会获得一个巨大的支持与鼓励。

另外，父母也是一个很重要的因素。有些家长为了给学生营造一个"良好"的学习氛围，请假在家做饭，不敢开电视，甚至连走路都轻手轻脚。殊不知，这样做非但起不到促进作用，反而容易给考生更大的压力，造成考生心态难以调整，考试发挥失常。其实最好的方法就是不要搞特殊化，平时什么样就还什么样。这样，考生会丢下家长的期望这个巨大的包袱，全力应对考试。考生轻松，家长也轻松。轻松上阵，往往能取得意想不到的好成绩。

总之，只有拥有一个好的心态，才能立于不败之地。而好的心态是体现在生活中的方方面面、点点滴滴中的。

北大自主招生经验谈

最后我谈谈被大多数学生和家长认为"最实用"的内容。北大的自主招生考试，不同于高考，也不同于竞赛，它有其独特的一面。所谓"知己知彼，百战不殆"，要想在自主招生考试中拿高分，就必须对考试的形式有所了解，并且适当进行一些针对性的练习。

"北约"笔试的最大特点就是考试时间十分紧张，而且考试时不同科目的试卷同时发下，这就对考生的时间安排能力提出了较高的要求。

对于理科考生而言，考试前的复习重点应该是数理化。因为理科拉分大，且短期内复习见效快。对于数理化，学生可以做一些竞赛题，以适应试题的难度。尤其是数学，做题时要注重思路，而不是计算。真正考试时的计算量并不是很大，可是对于思维要求却很高。英语则可以找一些大学四级试卷做一做，自主招生考试的很多设题方式与之是类似的。当然最重要的是多进行几次模拟考试，这样才能学会掌握好考试时间。

考试时，语文和英语不宜花过多的时间，一般来说大约各一个小时。语文的作文最好二十几分钟写完，不求文采特别好，但求字数与速度。英语的阅读理解切不可一行一行地读文章，这样时间来不及。一般是先看题目，然后到文章当中去找。平时高考复习时老师往往强调四个选项都要仔细看，并且要到文中找到确切的证据再选，以防止"形相近，意相远"的陷阱。但自主招生的时间紧张，而且选项陷阱少，一般就是文中原句稍作变动，所以找到有选项符合文意就赶紧选上，其他选项不要过多花时间。

　　数学、物理和化学是重点，一般数学花一到一个半小时，物理和化学各一个小时。数学考试的题目描述一般不长，题意清晰，答案一般也不复杂，有的甚至只有几行。所以最好不要埋头死算，这样往往浪费时间又算不出正确结果。遇到第一眼看上去不会的题目，可以花几分钟冷静地想一想，用最简单的思路去想。如果实在不会就先跳过，切不可在一个题目上用太长时间。至于物理和化学，没有学过竞赛的考生可能会出现题目读不懂的情况，此时千万不要慌张，更不要空着不填，而应该能写多少是多少。物理往往分步给分，而化学的答案一般在课内。所以填满试卷才能将分数最大化。

　　另外值得注意的是，每年的试卷都会有一到两科比较难，大多数考生的得分都比较低，比如2012年的物理。因此遇到整体较难的试卷不要害怕，要保持一颗平常心，做到不慌不忙。

　　除非处于特别偏远的地区，其他通过笔试的考生都在北大燕园校区参加面试。面试是五人一组，面对三位考官。一般来说，每个考生都有一分钟的自我介绍时间，然后是答题与互相补充答案的时间。自我介绍的语言要简洁、朴实、谦虚、口语化，切不可将自我介绍变成"诗歌朗诵"或是"奖项列举"，这样往往不会赢得考官的好感。别的考生讲话时要注意听，重要的东西可以记下来。自己发言时，一定要紧扣主题，同时可以在别人的基础上进行扩充，或者反驳别人的意见。无论何时，都要注意礼貌和谦虚，不能讲过多的话，以至于别人没有时间发言。我在面试时，旁边坐的是一位女生，碰巧有一次我们俩同时举手回答问题，这时我微笑了一下，说："女士优先。"这样，既缓解了紧张气氛，又得到考官的肯定。

　　讲了这么多复习与考试的技巧，可以属于广义的"临死抱佛脚"的范畴。自主招生考试是北大选拔优秀人才的方式，最主要考查的是一个学生的整体素质，而这是长期以来形成的，难以在短时间内有大的突破。所以，平时认真学习，打好基础，注意礼貌和言行举止，才是最重

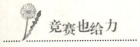

要的。

  北大是人生列车中的重要一站,但绝对不是终点站。沿着这长长的铁轨,还将转过多少个弯道,还将穿越多少个隧道,我都无法得知。但是我知道,在这驶向无尽的未来的列车上,伴随着它富有节奏感的声响,我将去书写出精彩而动人的篇章。

一个竞赛保送生的一些见解

> 一开始不要做大量的题目。基本上所有竞赛的基础书籍都是按照"例题＋习题"的方式编写的,"啃"完例题,认真完成习题,把这些知识点认认真真掌握并巩固,才是最重要的。

姓　　名：陈实
录取院系：光华管理学院
毕业中学：江苏省南京外国语学校
获奖情况：2010 年全国青少年信息学奥林匹克竞赛（NOI）国家金牌
　　　　　2009 年全国青少年信息学奥林匹克分区联赛（NOIP）提高组全国一等奖
　　　　　2009 年全国高中数学联赛江苏省一等奖

 开篇

　　我是北京大学 2012 级众多保送生中的一员,但同时也是其中相当特殊的一个。早在 2010 年 8 月,也就是高一暑假,我就因为获得了全国青少年信息学奥林匹克竞赛（NOI）的国家金牌而被北京大学光华管理学院提前录取。在大多数人眼里,我是幸运的,这么早就把高考的问题解决了,不过有许多事情,只有保送生们自己才最清楚,尤其是竞赛保送生。

竞赛也给力

关于学习

我的学习很自然地被分为两类，一类是学校的课程，另一类是竞赛的"专业课"。两者之间相对独立却又不完全割裂，要想处理得当并不是一件容易的事。

先来谈谈学校的课程吧。我的中学是南京市最好的学校，周围的同学都相当强，其中刻苦者很多。我在有大量时间被竞赛课所占据的情况下，把成绩保持在班上前几名、年级经常进入前十名的状态实属不易，我想其中效率是关键。

我从来不主张挑灯夜战，这虽然可以延长学习时间，但是会使白天的效率大打折扣，所以我的作息时间一般都很规律，这是提高效率的前提。白天在课堂上，其实最重要的就是听讲，有的同学会利用这一时间做作业，看似节约了不少时间，但最终都会以学习效率为代价还回去，比如我做作业的速度就比不少同学快，尽管他们比我先开始做。再者就是做事情要专心，做完一件事再去做下一件，否则每件事都会相互影响，对效率的损害是很大的。

从大的方向上提高了效率，接下去就有很多细节问题了。作为竞赛生，我的理科成绩比文科好并没有什么可奇怪的，但是在学校，偏科是不被允许的，只有将时间分配"不均"一下——对相对弱一点的科目多花些工夫。刚上初中的时候，我对南京外国语学校的英语学习方式和难度很不适应，英语成绩不太好。经过一段时间的尝试、摸索，我狠下心来，利用周末，花大量的时间将老师上课的笔记全部工工整整地整理到专门的笔记本上，这看似耗时耗力的"无用功"，不但让我每周都能将老师上课的内容回顾一遍以加深记忆，而且在临考复习的时候提供了比上课匆忙记录的笔记好得多的复习材料。很快，我的英语成绩有所进步，年级排名也上了一个层次。可见，其实很多问题，只要肯下工夫，就一定能够解决。

一个竞赛保送生的一些见解

我遇到的另一个大问题是：在外出竞赛停课期间，怎样跟上学校的学习，回来之后又怎样补上落下的功课。这其实很重要，因为任何同学都可能会因为各种原因偶尔缺一些课，或许我的一些建议能够帮到你。我自己的理科成绩很好，所以在缺课期间，对数理化的内容我基本上不管，相信自己回到学校后听听课也就跟上了。对于几门副科，我则会大致算算学校的进度，自己翻翻书，做一点平常课上会要求做的练习，这些课并不难，回去后应该能应付。对于我的弱项语文和英语，我就会经常和同学们保持联系询问具体进度。上课学的章节在家都看一下，英语磁带带着听一下，要背的语文诗文、英语课文都带着背背，自己可以试着在书上画画重点，回学校第一件事就是找人借笔记来抄一下。虽然这样会花不少时间，但是效果很好，再说无论你是去竞赛或是有别的什么事，每天挤一点时间来学点学校的课程还是可以的，就当是换一下节奏，"休息"一下。

我想说：无论如何，学校的课程都是学生的"本"，切勿"本末倒置"！

下面再来谈谈竞赛"专业课"方面的学习。既然是竞赛，那么参赛的选手都是各地、各学校的佼佼者，大家的水平都不会差，要想取得成绩，就必须成为"王中王"。

我接触竞赛的时间比较早，小学三年级开始接触数学竞赛，五年级开始学习计算机编程，并很快在这两项比赛中都取得了一等奖，顺利进入了南京外国语学校。"入门早"是我参加各种竞赛的一大优势。现如今的学科竞赛，越来越向着"低龄化"的方向发展。就拿我参加的信息学竞赛来说，过去的国家金牌基本上被高二的同学所垄断，偶尔有一两个高一的"牛人"可以挤进前二十名；现在，动不动就出现初三甚至初二的同学获得国家金牌，高一就超越众多高三的选手拿到国际金牌的"神牛"也存在。想象一下，与这样一群高水平选手过招，如果你入门太晚的话，一定会吃大亏的。虽然也存在高中开始学习编程，高三便拿到国际金牌的选手，但是那毕竟是个案。所以我建议，如果你对自己的实力没有十足的把握，想参加竞赛还是趁早。

趁早"入门"还有一个好处就是可以"后悔"。并不是所有人都适合参加竞赛，也不是所有竞赛都适合某一个人，这就涉及选择的问题。而且，一个人的精力是有限的，这么多学科竞赛不可能面面俱到（某些"神牛"或许可以，但大家不要被个案迷惑），所以选择好的"专攻方向"是一件很重要的事。我从小对数学和信息学两个学科都有兴趣，两门竞赛的成绩也不相上下，不过对于信息学这种可以经常面对电脑的学科，相信大多数同学都会有兴趣。经过调查，我发现江苏省省内几乎所有的学校都会参加数学竞赛，而参加信息学的学校则因为设施、资金、师资、生源和历史成绩等因素要少很多，这样参加信息学竞赛要取得成绩会比其他竞赛相对轻松一些。虽然这有些功利，但是也是选择时的一个重要方面。当然，我更主张学生根据自己的兴趣去选择"专攻方向"，再容易的科目，没有兴趣也绝对出不了成绩。

在开始参加竞赛并选择了"专攻方向"后，接下来就需要为之投入大量的时间、精力甚至金钱。下面，我介绍自己的一些学习方法，希望对大家能有所帮助。

一开始的"理论"学习是每个人都必须经历的。或许这些纯粹的"理论"会很枯燥，有些同学会觉得远没有具体题目中那些精妙的"技巧"、"方法"好玩，但是所有竞赛中的"理论"都是那些"技巧"、"方法"的根基，有了"技巧"或许可以解一道或者几道题目，有了"理论"才能融会贯通、举一反三，解开上百道难题。所以，无论有多么枯燥乏味，你都必须花费大量的时间"啃"书籍、资料，学习理论。我曾经花掉两个暑假的时间看完厚厚的《算法艺术和信息学竞赛》和近百篇国家集训队论文。这样的工作耗时耗力，可是对于我来说获益匪浅，这也为我后来取得国家金牌打下了坚实的基础。

关于如何做题，各人会有自己的见解。我觉得，一开始不要做大量的题目。基本上所有竞赛的基础书籍都是按照"例题＋习题"的方式编写的，"啃"完例题，认真完成习题，把这些知识点认认真真掌握并巩固，这才是最重要的。而当你掌握的知识越来越多、越来越深时，一个题库会成为检验你的所学并为你提供实践机会的最好平台。每次选择一个难度与你最近所学相近的题库，一口气做到底，在不断的练习中，你会不断巩固、加深并懂得如何运用所学的知识，让你的实战能力上一个台阶。我曾经以每天50道题的速度在 PKU Online Judge 上刷掉近200道题，又曾以每天8小时的训练量（每天两套高难度试题）连续工作半个月。经过这种"魔鬼训练"后，对于任何题目，都将不再恐惧。而临战前，你最好选择那种成套的题目，给自己限定一个时间去完成，提前感受一下比赛的氛围。

对于临考前及考试时心态的调整，这可能需要经历过多次大赛后才能做得比较好。简单说就是不要太紧张也不要太兴奋，饮食起居一定要保证好，同时要相信自己的实力，不要过高地估计对手，根据临场的情况及时调整策略及状态。

说了这么多有关学习的见解，有一点相当重要的我没有提到，那就是"自学能力"。从很小的时候，我的父母就开始指导我自己学习一些课外的课程，一点点培养我的自学能力。自学不仅可以帮你节省大量的时间（如上课路途中奔波的时间），更重要的是，在某一特定的时刻，没有人可以教你某些课程时，自学便是唯一的解决途径。正如前面所说，上中学后，我经常因为外出竞赛停一些课，这期间学校的学习只有靠自学去弥补。而中学以来，大部分的竞赛课程我都是通过自学完成的，因为我们的学习深度，有不少是中学老师无法帮忙的，除了求助于学长，只有自学。

关于竞赛

这里，我想谈谈我自己对中学生竞赛的一些思考。

既然是竞赛，就应当是为学有余力的同学提供的一个展现自我实力、切磋各自专长的舞台，这个条件，竞赛应该算是满足的。在某一门学科竞赛中，你一定能够遇到这个学科最顶尖的高手。他们在这一方面的实力远超过同龄的其他学生，每一次测验、考试都是对大家实力的一种检验和证明。如果你能有幸与他们进行交流，甚至达到和他们差不多的水平，与他们一同训练、比赛，那你一定会收获颇丰。我在初二的时候就在江苏省内小有名气了，当时的我已经能与不少高中的同学竞争，发挥好的时候成绩相当不错。于是，我引起了许多信息学高手（有的比我大好几届）的注意，能够和他们说得上话了，即便是在最普通的交流中，我也能大致获知一些他们所掌握的知识点、他们所做过的一些题库以及他们所看的一些书，尽管有时候听不懂他们在说些什么，但是我会不断以他们的所学树立新的目标，从而提高自己的能力。

竞赛也是一个交友的平台，特别是当你经常要出门比赛，住宿舍、宾馆的时候。即便全省有数万人在同时参加同一科的竞赛，能够经过层层选拔最终剩下来的高手往往是同一批人，每一次省内集训、考试的时候，有那么二三十张面孔你总会见到，甚至有的时候你们会住在一起或者一起吃饭。相信我，这些人会在数年之内与你一直保持着友好关系，因为你与他们既是对手又是队友，这样一段与高手过招的时光一般人是无法经历的。每一年，你们会送走一批毕业的学长，又会迎来一批"新生力量"，所以你的好友将向上向下蔓延一两届甚至更多。如果算上全国级别的比赛遇到的同学，或者高手们在网上交流而成为朋友，那么你在这个圈子中交到的朋友绝不是个小数目。

所谓"竞赛"，就一定是有相当的难度，但是我刚才也提到了，全省动不动就有数万人同时参加同一科竞赛（往往是报名参加初赛的人数），相信所有的同学都希望能够得到某个奖项。不过很可惜的是，全省级别的奖项不过几百或者最多一千多人，绝大多数同学是无奖可拿的。造成如此狂热参赛局面的一个原因是，不少同学都希望通过竞赛得到一条通往大学的捷径。我认为大学录取学生时参考竞赛成绩并没有错（不然也就没我们这些竞赛保送生了），毕竟能取得好成绩的选手至少在某一学科方面能力较高。不过，由于很多同学参加竞赛前对自己的估计以及对题目难度的估计都有一些偏差，加上抱着一种"碰碰运气"的心理，才会导致了大量的学生盲目参加各类学科竞赛。

任何事物都有它的两面性，中学生竞赛也不例外。至于它对你到底是"利大于弊"还是"弊大于利"，恐怕得根据每位同学自己的情况具体分析。

关于活动与工作

我从小学一年级起担任班长，于是我的课余生活便被各种各样的学生工作所充斥。这些工作多少会影响我在学习上投入的精力，但从中所锻炼出来的管理才能是从书本上无法学来的。所以我觉得，凡是有能力的学生，都应该多少承担一些工作、担任某个职务。

小学时我多次担任班长，初中三年我一直是班长，初二的时候还做过一年的年级级长，高一我更是当上了理科实验班的班长。长期的协助老师的管理工作，让我的组织能力大幅提升，也逐渐产生了一种叫做"魄力"的无形气场。因为我敢想敢做，所以我敢于出面处理班上的各种麻烦，虽然这难免会得罪一些人，但是大多数时候，大家最终都能理解我，因而在大家眼中，我还算是一个好班长。当上班长的另一项任务就是不断与老师打交道，帮老师完成各种任务，做好老师和同学间的桥梁，交际能力与做事的效率会在这样的训练中不断提高。或许因为对我的认可吧，老师和同学们经常笑称我为"副班主任"。我想无论是什么样的"官"，当你身在其位的时候，它都会逼着你提升很多，而如果大家认可你的工作，这无疑是对你最大的回报。

至于"活动"，这可以说是我们中学的一大特色。南外的学习环境相当轻松，每隔个把月就会有一次全校的大活动，各年级的小活动就更加不计其数。学校里最著名的大型活动要算"四节一周"——艺术节、

竞赛也给力

外语节、体育节、读书节和科技周，而各年级每一年都会有篮球赛、排球赛等，高中每年还会有"足王杯"。每一次校际节日，各年级都会有配套的小活动，可以说各种活动让人应接不暇。中学的六年时间，我参加过外语节、艺术节的演出，也在运动会上拿过名次，还组织过年级的趣味比赛以及学校的科技周等活动。每一次只要参加排练，就得做好晚上七点放学的准备；每一次只要组织活动，就得做好跑遍全校各办公室、跑遍年级各班、一遍又一遍地联系相关负责人的准备。这些都不在正常的计划之中，要想完成这些任务，就必须挤出自己的时间，努力提高自己的效率。

相信我，活动中你所得到的远比埋头在书本中一两个整天要多得多。即便你们的学校没有如此丰富多彩的活动，你也可以选择一些社会实践的活动。我和同学也会在假期进行不少社会实践：在图书馆做志愿者、去敬老院看望老人、集体外出途中义务清扫垃圾……这些活动会在你们的学习生活中添上浓墨重彩的一笔。

以爱之名

当初选择了竞赛，就是因为简简单单的喜欢，并没有什么功利的因素；后来学习了更多的知识，动机也是那样纯洁；现在我来到北大，我感到无上荣幸，终于，我爱的物理把我带到了这里。

姓　　名：褚慈
录取院系：物理学院
毕业中学：山东省济宁市第一中学
获奖情况：第 28 届全国中学生物理竞赛（省级赛区）一等奖
　　　　　第 27 届全国中学生物理竞赛（省级赛区）二等奖
　　　　　2010 年全国中学生英语能力竞赛（NEPCS）高二年级组一等奖
　　　　　第九届"21 世纪·CASIO 杯"英语演讲比赛山东省一等奖
　　　　　2011 年山东省数学竞赛一等奖

青涩的少年，历经了多少坎坷，终于来到了未名湖畔……

爱之梦

保送以来这半年多的时间，我的生活的确是丰富多彩而富有意义的，除学习了一些优秀的外国大学教材、参与了一些社会活动，我还自学了钢琴。一向热爱古典音乐的我，学习钢琴除了陶冶情操，也是为了学习一首曲子，纪念一段刚刚开始而且有可能持续一生的感情。这首曲子，就是李斯特的《爱之梦》（Liebestraum），这段感情，发生在我和物理之间。

那熟悉的旋律每个早晨都会响起，梦幻般的声音时常萦绕在我耳边。主题第一次出现，犹如不经意的邂逅，平静，却在心间留下回荡的涟漪；经历了第一个高潮后，主题亮丽的再现犹如爱人关系的正式建立，激情与梦幻并存；然后主旋律越来越高，走进了热恋部分，相爱的人缠绵在一起，波澜起伏的伴奏诉说着感情的深厚，直至童话般的主题再现，加之漂浮在旋律之上的回音般的和弦，这梦境，只能用完美来形容；音乐继续进行，节奏渐行渐缓，仿佛预示着这场浪漫的梦，永不终结……

邂逅

初四的暑假，我邂逅了现在的"爱人"，那次的邂逅，决定了我会在北京大学燕园继续和她的热恋。

在一个不重视教育的小城市，同学们普遍缺乏学习的自觉性，即将进入高中的我在漫长的假期也度过了一段相当放纵的时光，魔兽争霸DotA几乎成了生活的主旋律。这样过了半个月后，我不禁开始思考，难道这三个月我就要这样放纵下去？很快我做出了否定的答案。我开始阅读文学名著，在翻阅父亲的书籍时，我被一本朴素的《物理学史》和一本看起来充满神秘的《近现代物理学》吸引了，就这样，不经意间，我被迷住了，大概这就是传说中初恋的感觉吧。

那个暑假，改变了我的一生。

其实那两本物理科普书籍在现在看来并不算经典，但就是一次偶遇，就足以让我痴迷。物理学家逐步揭开大自然神秘面纱的奋斗历程让我为之慨叹，更让我慨叹的是大自然的神奇，不禁让我想起威廉·布莱克的那句诗："What immortal hand or eye could frame such fearful symmetry?"（何等神明的巨眼或手能擘画你的骇人的雄厚？）这句诗简直太贴切了，自然造化鬼斧神工，而这对称的和谐的美，美得让人敬畏。学习物理，就是感受这种让人敬畏的美的最好的方法。在那时，我就不把物理简单当作一门科学，她是一门艺术，她是我的爱。

相思

一段美好的感情总不是一帆风顺的，俗话说"好事多磨"，至少我以亲身经历证明，的确如此。

刚进入高一，我就听说了全国中学生物理竞赛，还听说如果代表本省参加全国决赛就能现场与北大、清华签约，免高考直接保送。但在我们这里，向来就没有竞赛历史，没有专职竞赛老师，学校方面对"保送"几乎没有概念，只知道三年前我们学校有一位同学获全国二等奖被保送清华大学。刚进入高中时，保送在我心中只是一个遥不可及的梦，之所以选择物理竞赛，本是没有任何功利性的原因，只是因为喜欢，若是因为自己喜欢的科目学得好就能进入理想的大学，那岂不是高中最大的乐事？就算没有取得多么理想的成绩，至少我的高中是丰富多彩的，是与我所爱的物理一起走过来的。

我拿起了第一本物理竞赛教程（就是俗称"小绿皮"的三本书），然后开始了自学的历程。虽然平时考试物理都是满分，但是面对这本还算不太难的竞赛教程，我竞赛历程的开始，只能用"惨不忍睹"四个字来形容，知识点能看懂，例题大多数能看懂，但只是能看懂，当自己拿起纸笔面对新的题目时，却总是不知如何下手。这种状况持续了大概一个月，这一个月，只能用痛苦来形容，每天晚上都拿出两个小时的时间对着怎么也想不出来的题发呆，发呆，继续发呆……我想过放弃，真的很想放弃，大概我的确不适合学物理吧。但我终究还是没有放弃，我相信，只要我一直爱她，她一定会在合适的时候给我回报。

坚持一段时间后，我慢慢能接受竞赛题的思路，也开始自学大学数学和物理，我和物理的恋情正式开始。

相爱

终于这段情感故事由单相思变成了相恋，她回应了我的喜欢。刚接触竞赛时，以为高中物理竞赛只需要熟练掌握高中知识，再加之以某些特殊的处理方法和数学技巧就足够了。但随着见到的题目越来越多，学习的知识面越来越广，我才意识到竞赛实际上是高中与大学知识的衔接。在高一的寒假，我拿起了高数课本和普物课本。

自学，依然是自学，一直是我学习物理最重要的途径，也许仅靠自学学得的知识不如接受系统数理教育的同学系统化，但是在自学的过程中我收获的不仅仅是物理和数学知识，更重要的是学习的能力和自己独到的观点。

幸运的是，在高一下学期，我认识了竞赛道路上的战友，直到最后竞赛，虽然只有两个人，但至少我感觉到，这是一支队伍。由于队友起步较晚，我便在一定程度上做起了老师的工作，在帮助队友学习基础知识的同时，我对某些知识点的理解也逐渐加深。随后又在网上的"物理竞赛吧"和"北斗物理团"认识了一大批"大神"。通过网络，我发现热爱物理的人有很多很多，我们为了同一个纯洁的目标走在物理竞赛的道路上，后来想想，正是在网上认识的这些朋友，帮我解决了不少困难的问题，甚至指引了我的道路。最难忘的就是贴吧的网友"天桥区四等奖"，后来在省实验队有幸认识，如果不是他，我都不知道获得山东省一等奖的我是否还有机会通过保送生考试保送至一流名校。

随着战友数目的增加，物理知识的增多，我的信心也在提升，功利之心也不可避免地产生了。到了高二，学习物理的动机便不再那么简单，当时的我把进入山东省省队放在了第一位，而不是享受学习物理的过程。后来我想，也许就是这种功利化的浮躁，导致我最终竞赛未取得理想的成绩。

这种功利化的状态一直持续到高二快要结束时，漫无目的地刷题，只学习高数和物理知识中不超纲的部分。这看起来似乎合情合理，但这段时间，我的物理知识框架不再牢固，知识点与知识点之间缺少了连接，使得很多东西都知其一不知其二，知其内容不知原理，知其大意不知细节。某些考试的分数固然重要，但最重要的是，应试切不可影响了知识的正常学习，否则结果一定是只能考出高分但学不到知识，甚至在更多的情况下，连应试的目的都达不到。

还好到了高二快结束时，由于学业水平测试和即将面对高三的压力，我和物理疏远了一段时间。都说距离产生美，的确，通过在一定的时间内保持一定的距离，我和物理的感情重燃，没有她的日子，我感到生活百无聊赖，甚至做梦都是拿起大学课本学习新知，多日不见，让我对她的感情更深了。

终于，到了竞赛前的最后一个假期。

热恋

最后一个假期，我的感悟很多。我开始享受这紧张的三个月，每天学习 15 个小时的确很累，但是我和物理在一起，所有的劳累都是幸福的一部分。

走进考场之前，我告诉自己，这不是一场考试，只是一次酝酿了两年的约会，只要我尽心对她好，她会好好对我。开考后，我在草稿纸上写下：show time！

然而，天不遂人愿，大概还是我不够尽心，总之，我的竞赛失败了，只拿到山东省一等奖。

竞赛也给力

流了多少泪我已不记得，但我却已坚定一个信念，这次失败还不是结束！后来听到山东省实验队的同学提到了保送生考试的事情，想到自己的文化课一直还不错，尤其是语言学科还比较突出，因此便多了一份信心。为了我的梦，我一定要考进北京大学物理学院。我的手机开机提示语早就改成了简单的八个字：物院、物院、物院、物院！

那段日子是难熬的，因为文化课落下了不少课，需要补习，所以几乎就没有时间学习物理——或者更功利一点说，这段时间再学习物理用处已经不大。"爱人"短暂的离去给我带来莫大的空虚，但我从来都没有颓废，就算是对于我不太喜欢的学科也拼命复习。只有学好它们，我才能与"爱人"再次见面，否则……我没有想过"否则"后面会是什么样，这一次，我一定能成功，就算这一次不成功，我还有自招，就算自招不成功，我还有高考。天无绝人之路，尤其是对于有志向、肯付出，最重要的是，付出了爱的人。虽然我是无神论者，但我感觉上天仿佛也在告诉我一定能行——那些日子正是秋冬交界，面对教学楼下一排已经开始落叶的树，我在心底选择了一棵并告诉自己，只要这棵树在我出发前叶子没有落光，我就能考进北大。出发前两天，狂风大作，还下起了雨，但雨过天晴后，我竟然发现那里的五棵树，只有我选择的那一棵还剩下几片叶子坚强挺立着。我告诉自己，我能行！

2011年12月15日是出征北大考试前在学校的最后一天。临行时，我在高中课本上写下的最后一行字是：in the name of love（以爱之名）。

以爱之名，北大，我来了！物院，我来了！物理，我来了！

最后的结果不算太好，因为排在前面的物理系志愿没有录取，但还不算太糟糕，因为我还是进入了物理学院，天文系。这段恋情会一直继续下去！

终于，经历了初学物理的困惑，经历了物理竞赛的失落，经历了这么多的坎坷，我们还是走到了一起。终于，未名湖畔续写了我的"爱之梦"。

爱，不只是梦

回首这些年，经历了这么多困难和挫折，完成了一个个看似不可能完成的任务，在我的朋友眼里，我能保送北大几乎是难以想象的奇迹。但对我来说，并不存在什么奇迹。所谓奇迹，只是不够努力的人对他们看起来不可能做到的事情下的一个定义。奇迹并不奇，在一定角度来看是一种必然——这是对一个人无法想象的付出的回报，是对矢志不渝的爱的回报。正如我们所说的梦想，看起来很远，如梦一般缥缈而不现实，但梦想不只是在脑中空想出来的梦，它能够成为现实，因为我们能为用汗水和泪水浇灌，让它成长在爱的肥沃的土壤里，再遥远的梦想终能开出最美丽的花朵！

对于我，过去的都已经过去，在燕园，我获得了实现这个爱之梦的机会。也许很多人不相信，也许很多人会觉得暧昧，也许很多人会对此嗤之以鼻，但是，爱的确是最好的老师。

当初选择了竞赛，就是因为简简单单的喜欢，并没有什么功利的因素；后来学习了更多的知识，动机也是那样纯洁；现在我来到北大，我感到无限荣幸，终于，我爱的物理把我带到了这里。想起那些年的故事，总有一种想流泪的感觉，不是因为想起当时的失利而难过，而是因为发自内心的感慨，有爱终有回报，有爱总有回报。

以爱之名，那个青涩的少年，终于和他的"爱人"物理走到了一起。

后记：让我感慨颇多的小故事

其一，爱物理，但不会只学物理。除了物理和文化课，我还经常参加各种活动，并获得一些成绩，如英语演讲一等奖、英语竞赛一等奖；在学校，我得过朗诵比赛的第一名，和老师、同学共同努力拿下过学校的辩论赛第一名。很多人劝我少参加活动，因为这些活动浪费时间，我已经选择竞赛，这就意味着要花费比别人多得多的时间。但我仍然参加了我能参加的学校组织的所有活动并积极准备，因为这是高中生活的一部分，因为从其中我能学到更多书上没有的东西。

其二，那些年，我们一起追的物理。还记得当QQ的漂流瓶功能可以投出暗号瓶时，我总喜欢投出一个写着物理的瓶子，这样还认识了不少同道中人。网络上人们的名字虽然是虚拟的，但网友们对物理共同的爱却是真实的！到今天，我要感谢所有的网友，同时也祝福在我写下此文时正在爱沙尼亚参加IPHO的网友们再创辉煌！

其三，那些年错过的高考……我的语文老师曾经说，没有高考的人生是不完整的人生。也许我的人生因此有点缺憾吧，但是看到朋友们参加的高考真是感慨颇多。有的人平常一直是第一名却在高考时发挥失常，有的人高考考场上一鸣惊人；有的人自招获得某些学校的A类资格却未通过一本线，有的人自招没过却考进了比自招学校更强的大学；有的人差一两分与所报院校失之交臂，有的人得到幸运女神青睐碰到了断档的情况……

但是，无论结果如何，这只是一次考试，未来的路还很长。我的竞赛失利几乎与同学们高考失利无异，都是为之全力拼搏却未得到应得的结果。有的人可能会说，竞赛失利了还有其他机会啊。但是我想说，高考失利也是如此啊，转校，考研，谁也不能在十几岁时就凭一个高考分数断定此生实现不了自己的梦想！这段话我既想献给高考失利的同学，也想告诉即将参赛的"竞赛党"学弟和学妹，是金子总会发光，只是时间不同罢了，磨砺只会让光芒更加耀眼！

其四，写给所有热爱某件事物的人。钢琴曲《爱之梦》其实是由三首歌改编而来的。在这里，我只写下第三首《爱之梦》的几句歌词：

O lieb, so lang du lieben kannst! O lieb, so lang du lieben magst!
O love, as long as love you can, O love, as long as love you may.
爱，尽你所能地去爱；爱，尽你所做地去爱。

分 享 喜 悦

自学，它的重点不仅在于学到知识，更重要的是自己去选择学习的内容和方式，去安排规划学习的进度和时间，去督促自己完成特定的目标，然后你就能够成为自己真正的学习支配者。

姓　　名：周钰静
录取院系：化学与分子工程学院
毕业中学：上海市华东师范大学第二附属中学
获奖情况：第 25 届全国高中学生化学竞赛暨冬令营一等奖
　　　　　2010 年、2011 年全国高中学生化学竞赛（省级赛区）一等奖

　　写下这些文字之前，我感到无比的激动与喜悦。此时此刻，放在我面前的是梦寐以求的北京大学的录取通知书，展现在我眼前的是即将到来的四年燕园生活，等待我的是光荣的"北大人"的身份。总觉得昨天才刚刚拖着大包小包行李踏入上海华东师范大学第二附属中学（以下简称二附中）的校门，总觉得自己还是那个在东方绿舟晒得黝黑的孩子，而现在这个孩子就要收拾行囊，独自北上了。

　　我是幸运的，在高中阶段参加了化学竞赛，因此也收到了北大抛来的橄榄枝，让我能够有机会进入北京大学化学与分子工程学院进行本科学习。回顾整个高中的竞赛生活，我确实有很多值得回忆的心情，也有很多值得记录的经验。虽然文笔拙劣，但是我仍然希望能够写下这点点

竞赛也给力

滴滴的片段，仅算作对过去的总结和纪念，也希望能带给学弟学妹们一些帮助。

竞赛是与非

在当今竞争如此激烈的比赛中，能够获得一等奖，我想自己的运气和努力都是不可缺少的。下面是一些我个人的学习经验，希望和大家一起交流分享。

先简单介绍一下化学竞赛的情况和流程。高中化学竞赛是面向高中在校生举办的知识竞赛活动，竞赛主要分为四个阶段。第一阶段是各省的预赛，这一阶段在上海是没有的，但是有的省份要举行考试，然后按照成绩下发全国初赛名额。第二阶段是9月份的全国高中学生化学竞赛（省级赛区，下文简称初赛），这是绝大多数人准备竞赛的目标，在这一阶段获得一等奖的同学就能够取得直接保送大学学习的机会。第三阶段中，上海市会选出初赛名次靠前的同学进入市集训队，通过实验培训和理论考试选拔选出省队代表，参加"全国高中学生化学竞赛暨冬令营"（下文简称决赛），根据比赛期间的理论和实验考试成绩评选出一二三等奖，然后从一等奖取前30～50名进入国家集训队。第四阶段，最终选出4人参加7月举办的国际化学奥林匹克竞赛。

竞赛的过程应该是由浅入深、由易到难的。首先我们要从浅显容易的书中获取基础知识，建立完整扎实的基础体系，这是日后能够研究更加高级知识的必经过程。当然这样的过程也有助于系统地了解一门学科，能够真实地了解到自己是否对这门学科有兴趣、有激情。对于化学竞赛的入门阶段，我认为阅读高等教育出版社的《无机化学》和邢其毅的《基础有机化学》是比较好的选择。这两本书的难度适中，内容比较完整，系统地学习这两本书能够帮助我们在整个学习过程中打下坚实的基础，培养良好的化学素养。而且对于立足于初赛的同学，由于无机化学和有机化学所占比重很大，所以如果可以扎实地掌握这两部分内容，同时密切关注历年初赛的真题，熟悉考点，再辅以一定数量的模拟题巩固知识，检测自己的能力，那么是很有希望在初赛中获得好成绩的。进入高二，参加完九月份的初赛之后，可以说是进入了更加关键的阶段。在这一年中，首先应该对自己有个清楚的定位，是更加侧重竞赛还是高考、自主招生？是着眼于初赛获奖还是有信心冲击市队参加全国决赛？调整好自己的心态之后，看书的时间也要慢慢增加。一方面，基本功不可偏废，除了以上提及的书目，可以适当根据自己的能力和需要，选择不同版本或者不同深度的国内外教材进行阅读，做到博采众长，听多家之言。另一方面，结构化学和分析化学部分也要开始阅读相关的书籍，北京大学出版社的《分析化学简明教程》和《结构化学基础》是不错的选择，既易于理解，又基本覆盖了初赛和决赛的考试重点。在严格执行上述计划之后，会使你在高二这一年取得长足的进步，各方面的知识水平上升一个台阶，那么在高三的初赛中就能应付自如了。

深爱的二附中

除了个人的努力，我不得不提到二附中，这片我深深热爱的土地，这个我人生关键而明智的选择，这个我用再多的语言文字也无法尽说感谢的学校。二附中对不同年级的学生开展学科竞赛辅导，构建了基础型课程、拓展型课程、研究型课程相结合的课程结构，重视因材施教，提倡研究型学习，注重培养我们的创新意识和创造能力。

二附中的老师们教会我们的不仅是知识，更重要的是对我们学习能力，尤其是自学能力的培养。在学习的过程中，我们总是会遇到各种不同的问题和困惑。老师们不像初中老师一样，细心详细地为我们解答。取而代之的是，他们会指引我们寻求解决问题的方向。无论是自己查资料翻阅文献，还是同学之间相互讨论，我们都是在运用自己的办法来找寻答案，来回答困扰我们的疑问。随着年级的升高，教学的模式在一点点地转变，我们所接受的不再是低年级时填鸭式的教育和反复操练讲解的过程，而是一种兼有学习和探索的开放模式，这种模式下的主角不再是老师，而是我们自己。开始的时候我对这种学习模式极为不适应，每次我想直接得到老师们专业的回答时总是会碰到钉子。现在回想起来，正是因为老师们的这种做法，"逼迫"我勤于思考、翻阅书籍，时间久了，我便减少了对老师教学的依赖，学会把自己作为学习过程中的主角。这种位置的转变、模式的变化，对我个人能力的提高有着很大的帮助。我也强烈地建议学弟学妹们能够清楚地认识到自学能力的重要性，在今后的学习生活中能够注重这方面能力的培养。

同时，二附中为我们提供了宽松的学习环境，留出了更多的时间让我们选择自己感兴趣的科目深入学习。在课程设置上，我们每周会有固定时间段的竞赛课，老师们会梳理竞赛中的重点知识，作一些启发性的讲解。当然，化学是一门理论和实验紧密结合的科目，学校也是考虑到了这一点，允许我们利用暑假的时间进入实验室进行操作练习，更难得的是为我们请到了前几届毕业、同样进入北京大学学习化学的学长来进行辅导。由于是"过来人"，我们在与学长的交流过程中，不仅学到了专业的知识，更能够得到一些心理的帮助和共鸣。在二附中，我的竞赛得到了有力的支持，也遇到了知识渊博的老师和志同道合的朋友，这些因素都是我能够取得成绩所不可或缺的。

竞赛与课堂学习

参加竞赛绝不意味着放弃课堂的学习。对于平时的学习，最好的方法就是提高课堂学习的效率，在尽可能短的时间抓住重点掌握精髓。我深深地体会到，数理化在某种程度上来看是三位一体、相辅相成的，没有线性代数的基本知识便没有办法真正掌握好结构化学，没有光学的基本知识便没有办法透彻理解好仪器分析。如果忽视了基础学科的作用，那么在学习过程中必然会遇到大大小小的瓶颈，最终也只能停留在比较低的层次之上。这是我对学科之间相互关系的理解，也是我一直坚持同等对待基础学科的原因。

  各种课外活动和个人爱好，同样是我高中生活中不可或缺的重要一环。进入高中之初，我参加了学校的模联社团，通过参加各种会议锻炼了自己的表达能力和交流能力，培养了自己分析和理解社会问题的能力，当然也结交了许多来自全国各地的朋友。同时，我也喜欢各种运动，经常和同学打乒乓球或者网球，还代表班级参加学校的篮球和足球联赛。我相信，适当参加课外活动或者体育锻炼，绝对不会影响学习。它们是忙碌生活的调节，能够让我们以更加有活力的姿态投入下一阶段的学习生活中去。否则人便会像一直紧绷的橡皮筋，总有一天会完全崩溃。我们真正需要学习的是如何控制好程度，因为"劳逸结合"这四个字可不如表面上那么简单。个人经验是：一张仔细制订、严格执行的计划表很有帮助。

  学习方法方面，我也有一些自己的见解，都是我最真实的亲身体会。

  第一条建议是培养自学能力，这也是我反复提及的。我一直和同学开玩笑，说我高中把该吃的苦都吃尽了，到大学里就不会不适应了。虽然这是一句夸张的玩笑话，但是我真正想表达的是能够在高中提前接触到自主学习的模式，并且能够尝试去融入其中，对于我们每一个人都是无比受用的。自学，它的重点不仅在于学到知识，更重要的是自己去选择学习的内容和方式，去安排规划学习的进度和时间，去督促自己完成特定的目标。这不是一朝一夕能实现的，而是在特殊的环境氛围下、特殊的压力下潜移默化所获得的能力，然后你就能够成为自己真正的学习支配者。我觉得提早培养这样一种意识是非常必要的，这不仅有利于日后的大学生活，以后走向工作岗位的时候也能够显示出独立意识和自我管理能力。

第二条建议是巩固复习。我想只有少数人能认为自己可以做到过目不忘吧。郑板桥说："千古过目成诵，孰有如孔子者乎？读《易》至韦编三绝，不知翻阅过几千百遍来，微言精义，愈探愈出，愈研愈入，愈往而不知其所穷。""东坡读书不用两遍，然其在翰林读《阿房宫赋》至四鼓，老吏苦之，坡洒然不倦。"作为"凡夫俗子"，我们对于所学的知识更是难免会遗忘。当你发现自己对曾经那么熟悉的知识点已经毫无印象的时候，千万不要灰心气馁。重拾书本，重阅笔记，脑海中重新回想老师授课时的讲解，是面临这种情形的最好选择。毕竟与初学不一样，再一次巩固复习的过程中，你的学习效率会很高，丢失的记忆也会比较快地恢复。完成复习工作之后，这项知识点就会回归到你的知识体系中。而且由于你忘记它所带来深深的"自责"和"懊悔"的情绪，会进一步帮助你加深记忆，要想再一次面临这样"令人伤心"的局面就比较困难了。

第三条建议是别把学习这件事看得太功利。学习的结果固然是值得关注的，但是在学习的过程中所获得的能力相对来说更有价值。很多人都在为不想学习找借口，有些人说读书未必是唯一的出路，有些人说读书好未必以后就是成功的，也有些人说现在高中、大学所学的知识在以后的生活中根本用不到。我承认这些说法有一定的道理，但是也是很片面的。也许以后我们的工作中，确实用不到数学分析线性代数，确实用不到热力学三大定律，也用不到有机无机结构分析，但是学数学的时候建立的分析和推理能力，学物理的时候形成的缜密思维，学化学的时候培养的总结归纳习惯，难道在工作生活中完全没有体现？我们可以不必计较零星的知识点的缺失和空白，但是却不能忽视学习真正的作用。从一个幼稚的小孩，成长为有智商、有情商的成年人，各个阶段的学习赋予我们不同的能力，在特定的时间就会发挥作用，尽管当时的你并没有意识到。

高中三年一路走来，沿途荆棘密布。直到现在，我依旧清楚地记得暑假集训的日日夜夜，我们的周围只有黑板上的晶胞、书本上的公式、笔记上的有机物和在昏暗的灯光下翻过的那有些破旧的纸张。我也依旧清楚地记得我们做过的一个个实验，从美丽的三草酸合铁钾晶体到针状的苯甲酸钠，从在无色溶液中看酚酞的一点点微红到分辨甲基红带有的一点点橙色。和我一起走过这段艰苦而充实旅程的战友，他们伏案的身姿和昂扬的斗志给予了我莫大的激励与鞭策；陪我一起度过这段坎坷而充实旅程的恩师，他们渊博的知识和细心的教诲使我获得了前进的力量。

宁静方能致远

在我看来，想要取得成功必须要付出巨大的努力。很多人说我有"学霸"的气质，我觉得并非如此。不仅对于学习来说是这样，在生活的各个方面，拥有坚定的信念和顽强的意志，去努力实现自己的理想和追求，都是我们应该具备的人生态度，这也是我成长经历中一直奉行的原则。这个世界上不劳而获的事情实在很少，运气永远没有付出来得可靠。

当然，在某种程度上，一份耐得住寂寞的心性，也是成长路上所需要锻炼的品质。古今之成大事业、大学问者，必经过三种境界。"众里寻他千百度，蓦然回首，那人却在灯火阑珊处。"此第三境也。寻得伊人固然令人欣喜，可是没有千百度的孤独企盼，又怎会换来回首时的惊喜？如果不能坦然接受孤独、享受孤独，又怎么能度过每一个漫漫长夜，又怎么能坚持走完这段艰辛的路程？宁静方能致远。

总觉得往昔的记忆还在脑海里浮现，现在生活已经迫不及待地进入下一个篇章了。虽然我还想沉浸在过去取得的成绩中，还想再享受一下保送的喜悦，其实也只能想想罢了。以前的事情终究会成为历史，更加令人期待的是即将属于我们的现在和将来。奈何以非金石之质，欲与草木而争荣？着眼现在，脚踏实地。跟三年前进入高中一样，我将会怀着

竞赛也给力

忐忑和兴奋的心情踏入燕园开始我的大学生活,希望四年以后毕业之际,我也能和离开高中时一样,在记忆的长河中谱写那么多精彩的故事和骄傲的经历。

笑看回忆

我注重听和理解，不大会系统地记笔记，不仅因为我不喜欢一边听一边记一边理解，同时也涉及我个人时间的利用问题。"竞赛人"平时空余时间不会充裕，所以我基本不会有兴致去细细看之前的笔记。

姓　　名：贾宇博
录取院系：化学与分子工程学院
毕业中学：浙江省杭州第二中学
获奖情况：2011 年浙江省化学竞赛一等奖
　　　　　2010 年浙江省化学竞赛一等奖
　　　　　2011 年第 25 届全国高中学生化学竞赛（浙江赛区）一等奖
　　　　　2010 年第 24 届全国高中学生化学竞赛（浙江赛区）二等奖
　　　　　2011 年第 25 届全国高中学生化学竞赛决赛暨冬令营一等奖
　　　　　第 15 届浙江省青少年英才奖（学生组）三等奖

奋斗三年，可以说梦想实现了好多，从小学的到高中的，几乎所有有分量的梦想都涵盖其中，包括去北京。有梦想才可能实现。而当梦想成真时，在欢笑中，回头看看从前的自己，一个人的旅程的轨迹，就会呈现在眼前。

初中、高中的学习生活

初中开始，我就喜欢尽早把作业做完，有时候上课内容简单了，就会一边听课一边做作业。当时的理由再简单不过了：只为了每天晚上的一档电视节目。有时候，我也会和同学较量，看谁一节课完成的作业多。争强好胜的心，至少让我的速度有了不少的提升。虽说动机不纯，但这两个举动所培养出的习惯和能力，成为了我以后学习的利器。进了高中，我开始了住校生活，自然也就没了看电视的机会，但初中养成的习惯依然保留，这也为高中的竞赛挖掘出了许多宝贵的时间。当然，在大环境不同的高中，上课做作业已经变得不切实际，也可以说是荒谬。于是，课间休息和中午、傍晚的时间就成了"压榨"的对象。例如，早上第一节课上数学，下课后，每节课间休息时间里都抽出三五分钟做数学作业，等到了中午吃饭，数学作业就做完了。高中的下午也会有很多可以利用的时间，尤其是自修课，这些都是我完成作业的好时间。同时，这些时间里都会有一些"志同道合"的同学一起奋斗，就会有某种动力，支持自己静下心来做好每一步，有问题也可以与附近的同学讨论一下。不过，这些时间段里也会有一些喧闹，肯定不及晚自修那么安静，这就考验个人的自制力了。晚自修时间，被看作每天做作业的正统时间，安静肯定是其最大的优势，不仅是周围环境，还包括内心。但这么好的时间，如果只拿来给作业了，总觉得有些可惜。我白天挤出时间写作业，就可以用来做更需要"静"的事——竞赛。有时当天作业量正常，课间时间又利用得好，晚自修我就可以有接近三小时的时间来看竞赛的内容，连贯性和理解效率都会比平时零碎时间里自己学竞赛好。

高中的课程不仅难度上升，内容也有可观的增加，这让每一节课都十分充实，同时也带来了不小的挑战。我注重听和理解，不大会系统地记笔记，不仅因为我不喜欢一边听一边记一边理解，同时也涉及我个人时间的利用问题。"竞赛人"平时空余时间不会充裕，所以我基本不会有兴致去细细看之前的笔记。不过对于部分难点和纯记忆性的东西，我还是会在书上相关位置记上几笔。"好记性不如烂笔头"，这句话并不是让人傻记笔记。我依靠上课理解和课后回忆，不用什么笔记，知识点照样全部掌握了。翻看课本时顺便看看随带的少量笔记，一门课就基本没什么问题了。身处实验班,课堂内容也不仅仅局限于课本,有时会出现竞赛难度、高中知识的练习题目,不过这些正好可以训练思维能力,对我所学的竞赛也有不小的帮助。竞赛入门时,经常会出现难以想通的问题,这时候任课老师就会是最好的帮助者。下课后,向老师提出自己的疑问,通常都能得到很详细的回答,会比竞赛课后一群人围着老师问好不少。

同学、老师的陪伴

高中不是只有上课和作业,同学会成为生活中不可或缺的一部分。他们个个身怀绝技,都会在你需要的时候给予帮助。能不能处理好同学间的关系,可能就决定高中最后的结果。没有一个成绩好的人,是完全凭借自己一个人的力量学过来的,他们都离不开同学的帮助。同学在学习上、生活中会对你的习惯、性格以及人生产生重大影响。比如,当一个爱睡懒觉的人和一群勤奋的人住在一起,可能就会逐渐地放弃睡懒觉,而保持和其他人相似的生活习惯;当周围的人都很安静地在奋笔疾书,你也会不由自主地投入到学习中去。有一群知心好同学是一种幸福。你不能一味索取,就像一个没有外来水源的湖泊,迟早有一天会干涸。当同学遇到困难时,应该尽自己所能提供必要的帮助。平时相处,不要炫耀自己的成绩或其他什么,那只会让你们之间的距离越来越远;谦虚一点、多包容别人,都可以加强同学间的友谊;信任,则是一切的基础。当有了这么一帮好朋友,你在学习上有困难了,他们就会无私地伸出援助之手。

同学之外,老师肯定是学校生活中的另一重要元素。高中三年,老师对我们管得并不算严,至少高三前是这样的。学习主要靠我们自觉,只是在晚自修纪律方面,如果我们做得不够好的话,班主任会时不时来转转,察看一下。平时上课,老师不会专门讲一份练习,只有当班里没

几个人做对的时候，才会把这道题拎出来讲解，同学个人的问题都是课后问老师或同学的。这样培养出的自学能力，让我们在校外、在家里也能高效率地学习。

竞赛，因为热爱

如果把我的高中比作一篇回味悠长的文章，那么竞赛就是其纷繁复杂的线索。竞赛，作为一种"竞争"与"比赛"，其特殊的残酷性是无法回避的，甚至有一种"胜者为王"的感觉，赢的人就是赢了，而输的人似乎一无所有。表面上是的，但对于有心人而言，竞赛的收获在于过程，结果只是为这段过程画上个句号而已。的确，竞赛出成绩了，可能拥有了保送的机会，还可能拥有进入全国决赛比拼的机会，甚至可能会拥有代表国家出国征战的机会，但这些都是结果，都是一些可能成真的"机会"。有些人会认为，自己学竞赛了，为竞赛付出了很多，就应该得到竞赛的回报，这样想其实就像只想着财宝的探险者，忘记了欣赏沿途绚丽的风景。竞赛最后有令人满意的结果固然好，但没有不代表你为竞赛付出的时间就浪费了。出于热爱，你选择了它；为了它，你放弃了很多休息时间。而它的回报，大部分是在平时，而非最后。平时看相关的课外书时，能学到很多知识，有时还会看到一些奇诡的东西，让人忍俊不禁；上学时间之外，还会被老师召回学校上课，暑假里穿过阳光走进教室，度过充实的一天；最后一段时间里，当别人在艰苦地赶作业时，你能在特意安排的教室里平静地看书，暂时不用愁突如其来的海量作业……这些都是因为竞赛。因为竞赛，你会有一段珍贵的记忆，可能有些苦涩，但不乏欢乐；因为竞赛，你可能会结交那些被称为"大神"的"牛人"；因为竞赛，你可能会懂得许多同龄人不知道的知识，并且乐在其中。不管结果如何，在最后一役之前，你都可以感受那曾经的美好，而不是想象虚拟未知的失落。

当结果出来时，不如意？只要自己不后悔就是晴天。平静地放下这一切，参与到高考中吧。此时，竞赛不会就这样弃你而去，它会在你高中最后一段时间里默默支持你。当你参加模拟考试时，你有独特的竞赛思维来快速正确地得到答案；在自主招生选拔中，你有竞赛的知识来攻克一道道刁钻的题目；高考中，你有竞赛的缜密，护送你跨过一个个"陷阱"。竞赛，其实已经渗入你的生活，它是热爱的产物，就像热爱足球的人擅于奔跑一样。如果有幸取得了好成绩，不仅是你，你的老师、父母，还有一起学习两年的同学都会感到高兴。别忘了，是热爱带你到这个地方的，所以别抛弃它，继续前进，无怨无悔地前进，为你感到高兴的人都会是你坚强的后盾，热爱将永远是你的不竭动力。

　　学了三年化学竞赛，我的收获绝不仅仅是保送或是金牌那么一点点。从高一开始，我就遇见了不少能力出众的同学，很巧，其中一位与我住在同一寝室。当时，我就以那些强的人为榜样，决定要向他们学习、挑战甚至超过他们。在年级第一次月考中，我们寝室三个学化学的，两个100名出头，但这位同学位于年级前列。另一个人说，我们一定会超过他的，那个坚定的表情，我至今还记得。在之后的某次期末考中，他做到了，而且到了高三，他们的成绩也都保持前列。我，则在高中第一次化学竞赛中超过了他，这次超越带给我的信心增长难以形容。之后，渐入佳境，我在竞赛中确立了领先地位。可以说，那份决心带来的信心成为了我成功的驱动力，有了这种能量，我才能不畏艰苦，一路向前，即使是初赛失误也毫不气馁。曾经，有同学在讨论中提到了我不知道的知识，从那以后，我就开始大量看书，扩展自己的知识，同时也发现了不少有趣的东西，乐在学中。可能因为争强好胜，或是自信心过强，我不容许自己有任何的落后，于是在理论上和实验中，我都力争最好。这种"变态"的心理或许挺有用的。

　　再争强好胜，总会有落后的时候，分数比别人低一点了，产率比别人低一点了，对我来说还是挺平常的。应对这样的幻想与现实的差距，成了我这个"狂想者"的家常便饭。简单地说，方法很简单：忘了。就

当这件事没有发生过。不过这种"忘"可不是那种"好了伤疤忘了痛"的忘，而是忘记这种挫折，但要认识到它的内在原因，尽量避免这种事再次发生。找到原因后，我喜欢用音乐带走一切，回复平和的心态；有时也会去打球，然后大汗淋漓，记得的只有欢笑。气馁只属于弱者。不过有时候，没有条件听音乐和打球时，我就会开始幻想：如果这道题没有这么想，如果这一步没有算错……用一堆不可能的"如果"来让傻傻的自己重新变得开心自信。

时间规划

　　高一、高二的学习并不算过于紧张，但也不至于能天天疯玩，对于喜欢玩的人而言，如何抽时间去玩就值得研究了。除了体育课，我会在每周下午两节的自由活动课中，选一节或两节去和同学打球，主要视作业量而定。然后每周五下午，由于放学早，加上周六有竞赛课，晚上要住校，因此在这段时间，我会和留校的同学一起疯玩，晚上聊天或学习，这么一放松，一周下来的压力几乎都没了，而且不影响正常学习。等到了周六、周日，我一般会事先做完一些作业然后回家，晚上会看看电视而不是挑灯夜读，保持轻松的生活。周日再完成剩余的少量作业，然后晚自修就不必发愁赶作业了，可以用于竞赛的学习。高三开始，由于准备竞赛，我一直都处于停课应考的状态，这段时间里就会减少活动的频率，专注于竞赛的知识，毕竟竞赛也是个人爱好。

　　保持微笑，生活也会多一缕阳光。

追梦三忆

> 竞赛获奖让我圆梦北大,但在学习竞赛的经历中我的收获已经超过了那张录取通知书。我培养了自己的自学能力,结识了一群并肩奋斗的战友,对于科学有了全新的认识,养成了静下心来去思考问题的习惯。

姓　　名：姜笑雨
录取院系：信息科学学院
毕业中学：河北省石家庄市第二中学
获奖情况：2011年全国第28届中学生物理竞赛省级赛区一等奖

时间总是快得超乎想象,满怀好奇和兴奋地成为一名高中生仿佛还是昨日发生的事情,而现在已经毕业的我将要怀着同样的憧憬踏入燕园。回顾所来径,苍苍横翠微。回顾那些为梦想奋斗的日子,感慨良多。细细回想三年的高中时光,尤其是从参加竞赛到圆梦北大的奋斗过程,有三点让我感受最深。

敢于挑战

"奥林匹克精神永恒",这是我的母校石家庄二中几周前给我们这些竞赛保送生征文的主题。的确,是竞赛的机会让我成功地踏入燕园,但我想说,竞赛的经历所带给我的远不止这些。

竞赛也给力

我是物理竞赛获奖者,其实我从高一暑假才开始真正学习物理。高一的时候每周末都有竞赛课,我选择了物理和化学这两科并把大部分精力都放在了化学学习上,物理竞赛只是勉强跟着听听课。虽然说成绩还不错,但学了一年之后感觉化学抽象的理论逐渐对我失去了吸引力。于是我放弃了化学,开始主攻物理。

现在看来,选择学物理确实是需要勇气的。物理竞赛的队伍中汇集了年级里非常优秀的二十名同学(最终有十一人获奖,七人进入北大和清华,刘尚同学还获得亚洲物理"奥赛"金牌),很多同学都是从一上高一起就开始参加物理竞赛,几乎是零基础的我与他们的差距可想而知。记得那时电学很差,于是就买来程稼夫教授写的《电磁学》竞赛教程,只看知识和例题,从头到尾花了四五天一气看完。然后又花了将近一个月把那本书上的习题全做了一遍,有不会的就问同学,直到弄懂为止。由于我不是"科班出身",所以几乎所有落下的知识都是采取这种"大跃进"的方式学来的,力学、热学、光学、原子物理,都是如此。

学竞赛的生活其实远没有外人看来那么轻松。在高二的时候,周一到周六白天跟着上课,晚上写完作业就做物理题,周日上午跟竞赛老师练半天,下午和晚上继续回班学习直到晚上十点下晚自习,这是我一周生活的常态,甚至想不起来有哪一个半天能在家睡到自然醒,然后起来上上网,出去打打球。两个暑假和一个寒假也都是在外出培训和自习室刷题中度过的。考试前的那个暑假是我刻骨铭心的两个月,在那段时间中我们几乎做尽了市面上物理竞赛参考书上的题目,刷题时如同机器一样快速而有节奏。每个人心中都有些焦虑,或是担心如果竞赛失利以后该如何面对高考,或是对复赛到底要考什么难度的题心里没底,甚至是由于状态不好或是一个题没有做出来而烦恼一整天。虽然会有这样或者那样的不顺,但那种想要努力做好的愿望给了我一种充实的感觉,最终坚持过了这个主题只有"物理"两个字的暑假。

或许有人会问为什么我们能对某个学科如此地倾尽全力,我想,这动力的主要来源就是学科本身。说实话,刚上高中的时候对于物理其实并不了解，学习竞赛也只是把它当作一种升学的方式，一开始学也觉得满篇的代数式和计算没有太大的意思。但随着学习的深入，当我能够用自己学习到的物理知识解释自行车为什么会走、陀螺为什么会转、把铅笔竖放在桌子上它会怎样滑倒等生活中的问题时，我开始认识到物理作为解释这个世界如何运转、一切事物如何相互作用的科学的魅力。它的原理简单，形式优美，应用广泛。高中课本里的物理知识有点像是空中楼阁，很多东西并没有给出详细的解释和推导，而学习了一定大学课本里的知识，从体系上对物理知识有了新的认识之后，研究问题时会有一种脚踏实地的感觉。比如当我一口气读完舒幼生教授写的《力学》，明白了到底什么是动能，什么是势能，一些死记硬背的公式到底是怎样推导出来的时候，心里就会感到十分畅快。在学习时心里会时常充满着对于研究一些现实问题、了解这些规律的极大渴望。我想这种乐趣，是某些抱着过于现实而功利的眼光，认为学习科学没有前途的人们无法体会到的吧。

真心地建议学弟学妹们在学有余力的情况下尝试挑战一下自己。这样的尝试不必十分功利和"专业"，听听周末老师的竞赛课，自己买几本课外拓展的书阅读，甚至是在学习中对某些感兴趣的知识进行深入的研究等都是可行的方式。也许竞赛不会再作为升学的一条道路出现，但希望你们能将这种乐于钻研、朴实做事、敢于挑战的"奥赛"精神继续下去。

竞赛获奖让我圆梦北大，但在学习竞赛的经历中我的收获已经超过了那张录取通知书。我培养了自己的自学能力，结识了一群并肩奋斗的战友，对于科学有了全新的认识，养成了静下心来去思考问题的习惯。可能这样一条条总结起来语言比较干涩，并不能引起读者什么共鸣，然而我觉得这些才是竞赛带给我的终身的财富。

认识自己

我认为高中学习很重要的一点就是要学会认识自己，正所谓"知己

竞赛也给力

知彼，百战不殆"。这个"认识自己"可以有很多种理解方式，比如从宏观的方面说，我们应当清楚自己喜欢什么科目；自己的思维习惯是怎样的，擅长逻辑分析还是更有想象力；自己高中阶段的目标是什么；理想大学是什么；等等。

先拿自己举个例子。我在刚进入高中的时候被分到了学校理科实验班中更侧重高考的一个班级中，在高一的上半学期，这个高考班团结紧张而又不失活跃的气氛让我很惬意，每次考试都能名列年级前列。于是，在学期结束我们学校实验班之间进行高考和竞赛的重新选择时，我只是抱着一种挑战自己的态度，和其他几位同学选择转到了竞赛班。

在竞赛班里，每个同学都有自己的安排和计划，在作业、管理等方面都非常自由，这让习惯了"并肩战斗"感觉的我很不适应。新同学的陌生也让我时常想念原来的班级。于是在整个学期中一种患得患失的心态时常困扰着我，成绩也有所下降。可以说在这种心态的影响下，每一次让自己平静下来都是艰难的，但也就是在这一次次的自我反思中，我对自己有了越来越深的了解。现在看来，原来那个只因为不适应环境而纠结的我是幼稚而可笑的。由于自己没有整理好心态，从而使外部环境的变化变成了本不该有的困扰。后来每当我有转班的念头时，我都会告诉自己："我高中最主要的目标是上一个理想的大学，那么实现目标的最有把握的方法就是通过竞赛保送，其他事情都不应该成为羁绊。既然自己已经走了这么远，就应该继续坚持下去。"

经常能听到有同学抱怨作业太多、学习压力大、生活十分无趣等。面对这些问题，我觉得或许每一位高中生都需要重新审视一下自己，问问自己上学是为了什么，理想的大学是哪里，为了实现这些目标又应该付出怎样的代价。我们应当时刻清楚这些问题的答案，才能在十分紧张而又略显枯燥的学习生活中充满动力。

"认识自己"也可以很具体，其实就是要在平常的学习生活中对自己学习的状态、知识掌握的情况等保持一个清醒的认识。比如一堂物理课下来，我们应该花两分钟想一想自己哪些知识听懂了，哪些知识或题

追梦三忆

目还不是很明白。对于这些不明白的地方，自己是课下再研究、研究争取弄清楚，还是再去问问老师。如果在做作业的时候还是对相关的技巧等不太熟练，是否应该再找几道相关的习题进行练习。再如我们不仅要清楚自己哪一科目或者某一科目的哪一部分处于劣势，还要进一步弄明白自己为什么感觉有困难，是基础知识不过关，练得题目太少，还是缺乏总结。然后制订一个计划，有针对性地解决这些问题。

在这个问题上，我的数学老师经常拿错题本举例子。可能很多同学都有一个错题本，喜欢把自己做错的题记录到本上方便自己复习用。但是对待一道错题，我们不应该把它抄到错题本上就算完成任务了。我们应该想清楚这道题包含了哪些知识点，自己做的时候为什么做错了，给自己以后做这样的题留下了什么经验，甚至可以写两句心得，在错题本上把相同类型的题归到一类。这样，错题本才算发挥了它的作用。如果只是杂乱地把错题抄到本子上，考试前拿出来漫无目的地翻一遍，可能不会有太好的效果，反而浪费了不少时间，得不偿失。

可能"认识自己"的小标题不是特别合适，我只是想告诉学弟学妹们，与小学、初中不同，高中学习是一个独立的过程，老师不会再为你把一切都规划好，只是起引导的作用。学习的方方面面、时时刻刻都需要我们用心。高中的学习生活非常紧张，知识环环相扣，所以在学习的过程中更需要我们保持头脑清醒。如果不是这样，对于学习自己将一直是心存迷惑，浅尝辄止，等到某次大考才意识到自己的问题时，跟别人可能已经有了一段差距。只有将自己的一切处理得井井有条，才能在考试、作业等各种各样的压力面前保持从容。每个人都不相同，找出问题，并用自己的方法制订计划将其一步一步地解决，是让自己很有成就感的事情。对于我来说，这或许是学习过程中最大的乐趣。

行动起来

下面想说一说行动的问题。首先要说的是在制订了计划之后一定要

竞赛也给力

保证执行力。这样的反面例子不少，比如某一天我们决定要开始记数学笔记，或者是整理化学的知识点，或者是要每天摘抄一些语文的优美词句。开始的两三天可能会坚持得很好，可能后面就逐渐地开始觉得麻烦，或是总是因为有事而不能坚持，最后的结果就是不了了之。像这样只有这半分钟热度的也许还有考试失利后要好好学习的热情，一份详细到几点干什么的假期每日作息计划，等等。当然我相信一定有很多同学能够坚持完成这些，然而有过刚才类似经历的同学可能也不止我一个人。我也曾体会到一本详尽的数学笔记在复习时有多么珍贵，一个执行得很好的补习计划会怎样改善自己对于某一块知识的掌握情况。总而言之，如果你决定去做一件有意义的事，那么最好不要因为怕麻烦，懒得去做而半途而废。

在高三时有一个班的班训只有两个字"落实"，而这也是我们班主任总是对我们强调的。其实意思很简单，就是课下要认真完成作业，把上课老师讲的每一个知识点都弄懂记牢。课本上的知识公式其实并不太多，但只有在做题、记忆等"基本活儿"上下足了功夫才能打好基础。如果上课听得一知半解，下课做作业又是敷衍了事，那么到考试的时候一定会漏洞百出。这种走马观花式的学习是不可取的。我不知道对"落实"二字还要作怎样的解释，虽然没说多少，但它确实非常非常重要。

说到这里，我认为我们班的班训"用行动带动状态"也很值得一提。还是拿自己举个例子吧，高三上半学期的九月份，我已经考完了竞赛，除了省队的同学其他人都要回班复习。这是我有些迷茫的一段时间，对于没有进入省队有些遗憾，对于保送生考试几乎一无所知，对于高考复习的快节奏也有些不适应。总之就是状态不特别好。有一天班门外那句班训跃入我的眼帘，然后像是脑海中擦出一点火花一样，突然觉得这句话很有道理值得一试。于是我尝试给自己制定了很多要完成的任务，在学习时把一些不快的想法"硬生生"地从脑海中抹掉，甚至读书时都会"强迫"自己把目光限制在书页之间，一字一句地去看那些原来我可能不耐烦看的内容。这种做法让我在很短的时间里适应了高三复习的节奏，很快地补回来了那些由于准备竞赛而落下的知识。

其实各种因素造成的学习状态起伏是很正常的现象，我们可能做不出难题，背不过课文甚至听不懂老师讲课，而且由此带来的负面情绪可能会进一步影响自己的状态。然而"用行动带动状态"这句话或许可以启示我们，与其花很多时间恼怒、抱怨，并让不好的状态一次又一次地破坏自己的心情，不如放平心态开始行动，用平静的学习过程消磨心中的戾气，让自己慢慢地回到正轨。

以上就是我想要给学弟学妹们介绍的自己认真思考过的几点经验，同时也算是对自己高中生活的一个总结。一直觉得高中学习生活最重要的是自己的体会，所以并没有全面总结一些条条框框的学习方法，而是重在介绍不少自己的亲身经历和感受，希望能和你们产生一些共鸣。

最后祝愿学弟学妹们能珍惜宝贵的高中时光，实现自己的理想。

与目标同行

与目标同行,与成功同行。一路上,目标指挥着我、引导着我、推动着我、鼓励着我,让我奋勇前行;在各个关键时期,目标一直起着各种关键的作用。

姓　　名:姜雨生
录取院系:化学与分子工程学院
毕业中学:安徽师范大学附属中学
获奖情况:第 25 届全国高中学生化学竞赛(冬令营)一等奖
　　　　　第 24、第 25 届全国高中学生化学竞赛(省级赛区)一等奖
　　　　　2009 年、2010 年全国青少年信息学奥林匹克分区联赛一等奖
　　　　　2010 年安徽省青少年科技创新大赛二等奖
　　　　　2011 年安徽省青少年科技创新大赛三等奖

　　人存于世,必有其所求。在我看来,目标的存在对于个人有着相当深远的影响:目标使我们积极进取,勇于攀登;目标使我们不畏艰险,迎难而上;目标使我们跳出泥淖,整装前行。在不同阶段,树立奋斗的目标,并为之不懈努力,是我作为中学生的信条;正是因为这种不懈的努力和奋斗,和不达目标誓不罢休的精神,为我在日常学习和学科竞赛上的成绩奠定了基础。

　　我对目标的理解是从高中开始的。高中以前,我一直处于思想未曾

开化的状态,所谓的目标都是老师和家长的设想,虽则凭借智力都可实现,但在我内心却完全不能理解目标的真正内涵。当时的我只是想着如何早早完成任务好有闲暇时间闲散冶游,甚至一度认为学习只是为了老师和家长,敷衍差事罢了。可以说,我个人在初中毕业以前一直处于某种程度上的"懵懂幼童"的状态,除了身体和智力,其他各方面,尤其是心理状态,均属于低端发育阶段。当时,目标对于我而言属于彻底无缘的事物,家长和老师的谆谆告诫,也只是一味机械地接受而已;至于我对个人人生的规划,对长短期目标的定位,完全是一片空白。

从初中毕业的暑假到高一上学期是我"转型"的关键时期。久未开启的混沌状态终于被打破,我开始思考人生的意义,开始对事物作出自己的判断。我开始明白从前的我是多么不可思议的愚昧,同时下定决心要找回迷失多年的光阴。我对于自己在小学和初中时荒废光阴、妄自菲薄的行为深恶痛绝,此时离"人生的最大转折点"——高考仅有三年。以中等偏上的成绩进入科技特长班的我,当时别无特长,甚至连初中的知识都属于形而上的空中楼阁,基础的扎实程度堪忧。然而,我的字典中没有"困难"、"不可能"这些条目,我还擅自修改,告诫自己"预则立不预则废,欲则立不欲则废"。我开始认真学习,决定不辜负自己的期望;我给自己树立了奋斗的目标,开始为目标努力拼搏。第一份回报是期中考试的成绩,我从入学时的中上蹿升至"班二年四",令人刮目相看。面对周围同学的诧异和钦羡,我在心里对自己说:"这只是开始呢。国有大鸟,三年不飞,一飞冲天;三年不鸣,一鸣惊人。"我将一鸣惊人,我必将一鸣惊人。三年的不飞不鸣,是风沙过盛,迷离了双眼;是一时糊涂,尚悠哉梦中。大丈夫不怒则已,怒则无可阻挡。然而我清楚地知道我没有楚庄王那么多的时间,我只有三年;三年,虽则短暂,可成一人——我决定为了目标而不懈奋斗。我从来不曾对中国的大学有所了解,也不是和周围某些同学一样从小就憧憬着未名、博雅,北大对于当时的我来说只是字面上的意义。但是我当时很明确,我要上最好的大学,我要用三年的时光书写无悔的青春。这就是我定下的本阶段终极目标。因此我要崛起，我要奋斗。在我们学校，能够纯粹以高考成绩进入一流大学的每年都是少数。这时，科技特长班（相当于理科实验班）开始报名参加竞赛。从小学五年级以来一直参加计算机竞赛的我终于醒悟自己对计算机编程所谓"兴趣"的虚假性，因此，我让出了计算机市队的名额，退出了计算机竞赛组，报名参加化学竞赛组。之所以选择化学竞赛，一个很现实的原因是我在化学竞赛上颇有天赋，这得到了初高中化学老师的一致认可；再者是我个人对化学有模糊的兴趣——单纯参看课本只能建立起这样模糊的兴趣。然而，正是这看来如此可爱的决定，在日后化学竞赛的训练学习中，将我对化学模糊的兴趣渐渐扩大化、清晰化，并决定了我以后的方向。

于是我开始走竞赛—学习的平行线路。在很多人看来，竞赛似乎和文化课学习相冲突，很多人会对如何处理竞赛和学习的关系大伤脑筋。在他们眼中，这两条线永远是杂乱无章地纠结缠绕，身处这两条线上的他们似乎将最终被这两条线交织而成的大茧束缚，走向寂灭。他们畏惧、动摇，最终选择了退出竞赛或放弃学习，在千军万马的独木桥上争得你死我活，或在单线的钢丝绳上踽踽独行。在我看来，与其说双线道路的终点是幻灭，毋宁说单线道路是更为残酷的。无论是高考还是竞赛都不会附带保险措施，走钢丝绳还是过独木桥都有掉下去的风险，任何一个真正有目标的人都会选择多条可行线路，并能够分析判断、综合整理。只要是入选竞赛组的就是有能力者，应该具有分析竞赛和学习关系的能力——竞赛和学习的关系乍看起来的确是复杂交织的，但正如精密的机械拆卸下来不过是一个又一个可控的零件一样，倘能以清晰的目力窥测的竞赛和学习的 complex（复杂），解开纠缠后二者的关系不过是两根平行的线，中间有着各种各样的"交流和联系"的支线而已。所以，从我看来，竞赛和学习只有相互促进，绝无相互影响。至于所谓的占用时间、影响成绩，都可以说得上是无稽之谈。可以说，竞赛中学得的思想将对中学文化课成绩起到促进和提高的作用，中学文化课中学到的数学、物理、生物等内容将有助于我们理解竞赛内容和进行解题运算。万物相生不相害,万道并行不相悖,有实力、有目标的竞赛选手可以做到兼顾和相长。就连思想政治中学到的唯物辩证法的很多道理都可以应用在化学竞赛的解题中,有时甚至能起到关键性的作用。因此,我必须重申明确目标的重要意义,目标使人明智,目标给人指引方向;目标使人坚定信念,勇往直前——机会是垂青于有目标的人的。

在目标的指引下,我带着希望和期盼出发,在课本学习的殿堂里摘取前人智慧的花朵,在竞赛训练的园地中探索神奇的世界。我在高中一年级每天在校努力学习,抓紧时间完成作业,晚间都匀出至少两个小时的时间阅读大学化学书(竞赛书籍),提升竞赛解题能力。我无比相信自己的能力,仿佛看到自己离目标越来越近了。从高一下学期开始,每次期中期末考试,我都是年级第一名,直至高二文理分流。我并没有什么特殊的学习方法,也不是三更眠五更起的"神人",更没有天天赶场子上小课,我只是相信老师的教学能力。老师让我读什么书、做哪些题,我都照单全收,如此而已。同时,我看自己订的参考书、做自己买的练习册、上自己报的辅导班,每天处于一种"昼伏夜出"的状态——白天打瞌睡、晚上到处上小课、夜间熬夜搞题海战术。其结果自然是成绩每况愈下,还弄垮了身体,有目标的人绝不会这样。时间正如海绵里的水,在正常的作息时间范围内,总是可以挤得出来的。与其学得如此痛苦,为何不用白天的时间好好学习呢?很多人向我这个年级第一请教"在哪里上小课"这类问题,令我实在无法回答。学法的差异,确实有决定性的作用。所以说,我还是要坚持目标的作用——目标使人明智,找到最合适的学法。

时光如流水,转眼暑期将至。高一的学习时光告一段落,竞赛的黄金时期即将展开。我给自己树立了高一的奋斗目标——攻下安徽省一等奖;而这个目标,高一学生能做到的仅是少数。我认为没有什么是不可能的,这个也不例外。两个月的时间,我进行了合理分配。化学竞赛在我看来不二法门只在"刻苦"二字:好好读书,天天做题。我购置了许多有用无用的竞赛书籍,打印了大量的模拟试题。元素化合物 12 日攻坚战，我采用了HB08卷——元素化合物专题卷，每天早（9：00—12：00）中（14：00—17：00）晚（21：00—24：00）各一套，夜间（24：00—次日1：30）看元素化合物书本的模式，12天内做到了元素化合物一次完备的掌握。就这样，化学竞赛的一个个知识点都被我掌握，化学竞赛的大量习题上都留下了我的解答。而后，以超越所有高二学生的芜湖市第一名133分（总150分）的成绩进入省赛，使我更坚定了拿下安徽省一等奖的决心。然而，回报却更加出人意料——我不但是安徽省一等奖获奖选手，还是全省第三名，虽然省队选拔落败，但这成绩已然突出。因此，我无比感谢目标在竞赛生活中的突出贡献——有目标使我有必胜的信念。凭借这股必胜的信念，我才能摘取如此硕果；有目标就有前进的动力，能突破一切险阻，实现理想。

高中二年级同高中一年级一样，平静如止水。但高一竞赛的光环却是令我犹如班级的中心，在同学们的推捧下，我似乎有些迷失了方向——竞赛，"省一"已在手上；学习，也不过就那样。目标似乎又有些不明确了，就这样浑浑噩噩的，高二的时间在痦痳轮转中溜了出去。高二将尽，我幡然醒悟。省一等奖不是竞赛的终极目标，我要在国家级竞赛上有所展现。仍是同高一一样严酷的暑假，仍是读书和习题的组合。变化的只是时间，此次竞赛冲刺的时间一直延续到了深秋；变化的还有名次，此次，我是安徽省省队的一号选手。我脱离了高三生活，沉湎于竞赛的气氛中。我渴望在冬令营上实现自己本阶段的终极目标。然而生活的确是富有戏剧性，这个公正的裁决者不会给予有心者太少，也不会奉送无心者太多。理论考试，我考出了应有的水平。正当本省的领队们欢欣鼓舞之时，我却在实验赛场上大出洋相，慌乱中在重结晶一步加错了溶剂，瞬间将粗产品弄没了，损失惨重，无缘国家集训队。这也是教训吧，实验方面，我的确是个粗心者，而且，在省队培训中，也没有加以足够的认识。可以说，这还是目标的不明确造成的吧，我若是（请允许我用"我若是"这种很没有志气的词汇）把进入国家集训队当作奋斗的目标，则可能不会在实验上如此失败。但是，木已成舟，对未来方向的选择便成为当务之急。如前所述,我对化学开始只是有着模糊的兴趣。可是在这近两年半的学习中,渐渐发现了化学世界的神奇,体会到化学世界对我的召唤。化学世界五彩缤纷的结构、精妙却又变化多端的理论、有机合成中创造性的步骤,令我心驰神往。我从我自身的学习中体会到了作为一名化学学生的自豪,我从我的教授们那儿体会到作为一名化学研究者的幸福,我从电视等媒体上看到了作为一名化学工作者的责任。本着对化学的浓厚兴趣,我决心投身化学事业。就这样,我定的"本阶段终极目标"是一张北京大学化学与分子工程学院预录取通知书。这是我的目标,我的理想,如今已经实现。这其中,目标、兴趣是指引我的导师,为我披荆斩棘,为我昭示真理。

从长春冬令营回家之后,我稍稍休整了一段时间。这其中,包含着目标的重新定向过程。目前的主体目标已然实现,回归化学竞赛已经绝无可能,我必须作出"现在该做什么"的决定。高三上学期的一轮复习已经过去,而我大部分时间外出;高考只剩下六个月,我不能荒废时光。周边的保送生都变了样子,有的在背四六级单词,有的在学大学课程,有的在为自己的兴趣发展工作。此时,我决定回归高考。在我看来,大学的课程越正统越好,提前预习只会加深原本在竞赛学习上不系统造成的误解;高考的激烈竞争是人生的重要过程,而一味逃避竞争不是我的作风。我预先定了680~690分的目标。目标明确以后,我开始认真地重拾课本,以自己的方式来进行高三的复习(这和前面的听话式学习方法并不冲突,要注意到此时条件已经改变,我已经跳过很多课程)。我以搞竞赛的方式来针对高考复习,把"刻苦"精神发扬光大。我买了很多试题,用晚间、下课、自习的时间快速地练习。第一张理科综合卷只做了231分,我迅速看到了物理上大题的薄弱和生物上答题的规范性问题,并加以练习和改正。就这样,从第二张理科综合卷开始,我就再也没下过270分了,而且,对于理科综合卷,一般情况下我都是只用2小时左右就完成了。必须重申,有目标才有速度和效率,想要不输给别人,就必须提高自己对目标的觉悟程度,让目标化作前进的

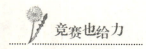
竞赛也给力

动力。

一年一度安徽省最具预测性质的考试——江南十校联考是我的辉煌时刻。这场考试我取得了 696 分的成绩，据统计是安徽省第一名。此时我的目标自动重新定向为冲击安徽省名誉榜首（因为本省保送生不参加排名），为学校更是为自己争取荣誉。六月高考，倏尔而至。题目很简单，我走出考场，自信满满。然而，遗憾的是，高考作文只收获 683 分这种差强人意的成绩。

与目标同行，与成功同行。一路上，目标指挥着我、引导着我、推动着我、鼓励着我，让我奋勇前行；在各个关键时期，目标一直起着各种关键的作用。可以说，目标成就了我的一切。目标的存在，让我无比地感谢生活，热爱生活。是目标，拯救了懵懂无知的我；是目标，激励了困顿无助的我；是目标，找到了迷失方向的我。目标是我的挚友，我的导师。"三人行，必有我师焉"，与目标同行，目标是良师；与目标为友，友直、友谅、友多闻，目标是益友。未名湖畔，博雅塔边，必有我的目标，伴随着我，一路同行。

漫谈学习经验与方法

坚定的信念，为构建自己强大的心理能力提供了基石，使自己即使身处挫折之中，也不会退缩、放弃；在自己情绪低迷的时候，提醒着自己该做的事，该继续的梦。具备了永不屈服的信念的人是强大的，因为他虽然可能会失败，但是永远不会被打倒。

姓　　名：蒋智
录取院系：物理学院
毕业中学：湖南省长郡中学
获奖情况：2012 年第 29 届全国中学生物理竞赛省级赛区一等奖、全国决赛一等奖

收到北大录取通知书的时刻，我非常激动。选择北大，让我拥有了在巍巍博雅塔下、融融未名湖畔求学的机会，为我提供了一个与更多同学交流学习的平台，更为我提供了一个追求自己人生理想的平台。喜爱北大，因为她爱国、进步、民主、科学的传统让我深深迷恋，她勤奋、严谨、求实、创新的学风使我感受颇深。来到这里，自己有一种自豪感，为自己能踏入这方神圣的土地而高兴，但更多的是一种庄严的使命感，不仅要自己努力，更应为祖国的未来及现代化建设而奋斗。回想自己高中的学习经历，充满了奋斗的汗水，在这与大家分享一些学习方法和经验，也希望学弟学妹能从中找到一些适合自己的方法。

竞赛也给力

明确学习目的

我们每个人从出生的那刻开始，就在不断地接受新东西，也就是学习，这是我们都会经历的。学习分为学习文化知识和人生阅历，我们所指的学习大都是学习文化知识，后者需要个人在时间的磨砺下成长学习。首先我们要明确的是学习为了什么。我家在乡下，家庭条件不是很好，从小大人们常教诲说要读好书，这样长大出来才有出息，才找得到好工作，将来才会有钱，摆脱在乡下种地的命运。而小时候的我，也带了这样一种心态来学习。为了能在长大后走出农村，努力学习，这是自己最初学习的动力，也是我求学生涯奋斗的起始。

初中时我考上了县里最好的中学，接触的东西更多了，也结识了更多的同学。初中我有一个习惯，对我今后学习与生活影响颇大，那就是喜欢在周末抽出一下午的时间泡在书店或者阅览室里。在这儿我翻阅了大量的图书以及资料，让我见识到了很多课堂之外的知识。对我影响最深的是我在这儿了解到了很多数学家及物理学家的故事，还有一些有趣的自然现象，强烈的求知欲包围了我，让我深陷其中不能自拔。这段时光培养了我对大自然的好奇心，以及对科学的热爱。其实对世界的探寻本是人类的本能，这种本能渐渐代替了我最初的学习动力，成为我奋力求取知识的基石，一直影响我到现在，对真理的追求永远会成为我学习的一部分。

升入高中，我进入到湖南省最好的高中——长郡中学里学习，在这里渡过了高中三年最难忘的时光，当然，高中的学习是艰苦的，里面夹杂着很多汗水与泪水。但是随着年龄的增长，自己也变得更加成熟，开始将自身的学习与祖国的兴旺发达联系起来，为中华之崛起而读书。为祖国的发展贡献自己的力量，也自然成为了我努力学习的目标。

学习应具备的心理

都说兴趣是最好的老师,我也认为如此,因为兴趣是好奇的源泉,有了兴趣,我们才会不自觉地投入精力深入到学习之中。虽说学习很苦,但苦中更带着乐趣。充满了对学习的兴趣,我们才会体会到其中的快乐,每当解出一道新的难题,我会欢呼雀跃;每次学到一种新方法,我会激动不已;每回学到新的知识,我都会为其中的奥妙而赞叹。这种喜悦,只有在沉浸在学习之中,才会体会得到。勤奋也是学习中必不可少的。勤学如春起之苗,不见其增,只有所长;辍学如磨刀之石,不见其增,日有所亏。古人悬梁刺股、凿壁偷光才得之成就,人生在勤,不索何获,无数事实证明只有勤奋的人,才能够成就事业,实现个人的人生理想。所以,勤奋学习是我们都必须具备的学习品质。

我们也需具有强烈的自信及坚定的信念,有"长风破浪会有时,直挂云帆济沧海"的气概,要做成事,首先应该相信自己的实力,给自己信心,只有具备了必胜的信念,才能更好激发自身的潜能,完成自己的预期目标。"有志者,事竟成,破釜沉舟,百二秦关终属楚;苦心人,天不负,卧薪尝胆,三千越甲可吞吴。"信念是人生的思想支柱,它始终使人处于一个清醒的状态,它如同茫茫大海中的灯塔,为人生的航船指引航向。坚定的信念,为构建自己强大的心理能力提供了基石,使自己即使身处挫折之中,也不会退缩、放弃;在自己情绪低迷的时候,提醒着自己该做的事,该继续的梦。具备了永不屈服的信念的人是强大的,因为他虽然可能会失败,但是永远不会被打倒。强大的人,内心总是坚强的。因为他具备坚定的信念。

竞赛学习的方法与经验

我是学习物理竞赛的,进入省队后被保送到北大,在学习竞赛方面也有一些方法与经验与大家分享。竞赛与高考的学习不同，它是一种难度更大而且要求更高的学习，所以培养的是我们更高的学习能力与素质。学习竞赛需要很高的自觉性，因为竞赛不像高考的课程一样，每天有老师上课、布置作业以及讲评，它更多的是需要我们自主学习，所以在这种情况下自觉的重要性就尤为突出。有些同学自觉性不是很强，在学习的过程中不怎么专注，这样学习效率不高，而且效果也就不甚理想了。自学能力的培养也很重要，学习竞赛，除了掌握高中内容之外还要学习很多课本之外的知识，这就需要我们具备一定的自学能力，自主去学习，所以自学能力强的同学，一般会学得更多、更快。说到学习，我们都在接受前人总结出来的规律，但是我们不能仅仅停留在接受的那个水平，应该多动脑，勤创新，勇于探索，不断发现新的东西。在竞赛中，学习具体表现为自己出题目，让自己来解决，以培养自己解决问题的能力。譬如学习了牛顿万有引力公式，学习了球体对一个质点的万有引力，那我们可以想想半球及半球壳对球心的引力，甚至是一条均匀圆弧对圆心一质点的万有引力。或许这些问题对于现在的我已经不再具有难度，但是对于刚刚接触万有引力的同学来讲，还是有一些技巧性与思考价值的。每学到一些新的知识，我都会使用这个方法给自己出一些问题然后不断解决，这使我对每个知识点掌握得很透彻。其实学习的过程就是一个提出问题和解决问题的过程。

  时间很有限，这时我们就需要提高自身的学习效率，才能达到更好的学习效果。要尽量做到学习时专注，心无旁骛，不被外界干扰。自己也应有明确的学习计划与目标，甚至应精确到每天所要完成的任务，这样才能提高学习效率。

  做题也是竞赛、学习中一个必不可省的环节，做题能使我们巩固所学到的知识，保持良好的"手感"。我们需要做适当的题目，而不是盲目做题，每做一道题就要想一想，这道题所用的方法和思想是怎样的，相同类型的题目该怎么做，这样才可以达到举一反三的效果。我们追求的是做题的质量，而不是做题的数量，有些同学做了很多题目，看他每天的学习就是沉浸在做题中,结果题目做了很多,学习效果却一直不好,所以不能一味只顾做题的数量,而应该要求自己把每道题都做好,都有收获。解题也要注意一定的策略,遇到简单的题目,我们不要轻视它,耐心去做,争取要把它做对;遇到难度大的题目,应该独立思考,这是应具备的很重要的能力,等自己思考不出来了,再看看提示,接下来顺着它的思路进一步思考。总之,要多想、多思考,当通过自己的努力做出一道难题时,是一件特别值得高兴的事。如果经过努力没做出来,再看看答案,从中学习一些方法,以便遇到类似的题目再灵活运用。

计算能力的培养是非常重要的一个方面,学习竞赛本身就是解决问题的过程。当做一个题目,我们经过思考之后得出了方法,但是却在计算的过程中出现了错误,导致整个题目做错了,这是非常可惜的,所以计算能力至关重要。计算能力的提高需要我们多做练习,每道题目都应该认真对待,这是一个逐步积累的过程,当然不可能通过一两天就提上去了。

学习并不是为了考试,但是考试却是检验我们学习成果的非常重要的方式,下面介绍一些自己针对考试的方法。对于平时的小考,应该认真对待,因为小考是对一个知识章节或一段时间学习的检验,通过这种考试最能发现自己存在的一些问题,并且作出相应的改进。但我们并不要把每次的小考看得太重,因为它并不会决定什么,我们针对每次小考,只要把它当作一次小小的测试,尽自己的努力去沉着应对就可以了,只要每次都收获一点,一天天积累起来,就会达到实质性的突破。在面对大型考试的时候,我们也不必紧张与急躁,有些同学把它看得太重,甚至当成是人生中的一个转折,这就无形中给自己施加了压力,增加了自己的心理负担,以这样的心理参加考试,当然很难发挥出自己的水平,取得理想的成绩。只要自己平时学习用功了,考试前调整好自己的心态,有足够的自信,必定能发挥自己应有的水平,取得令自己满意的成绩。我在物理复赛之前的一个晚上并没有像其他人那样还在拼命地

做题，我只做了一套模拟试题，而把剩下的时间用来回顾自己之前的经历与付出的艰辛，这给予了我很大的力量去继续第二天的挑战，然后再把第二天考试应注意的事项写下来，以便自己能从容处理突发状况。

我觉得还应该注意的一个方法是要多总结，每个月总结，每个星期总结，甚至每天都要有一小结。总结是对自己一段时间内学习成果的回顾，能够清醒地认识到自己所处的位置，使自己能不断调整，处于最佳的状态。总结分为对做过的题目的总结与对学习状态与效果的总结。对题目的总结，我们可以把做过的题目中做错的或者是用到很巧妙的方法而自己没有想到的题目总结起来，并且在后面可以添上自己的心得与体会，这也是一个积累的过程，能使能自己不再犯同样的错误，并且在积累的过程中学到更多的解题方法与技巧。对自身学习状态的总结，包括对考试时心态的总结，以及对自己一段时间内的学习状态的总结。状态好的时候要继续保持，而状态低迷的时候要时刻提醒自己不断进行调整。良好的学习状态是保证我们持续学习的基础，也是不断提高自身学习效率的保障。等以后回过头来看看自己的总结，这里记录了自己成长起来的轨迹以及每个时间段的学习状态，不也是一件非常惬意的事吗？

学习——坚持才能胜利

学习是一个漫长而艰苦的过程，需要坚持不懈的恒心与坚忍不拔的毅力。俗话说，坚持就是胜利，学习也不例外。学习竞赛也需要坚持与积累，"千里之行，始于足下"，每天进步一点，积累起来，就是巨大的飞跃，每天学习一点，积累起来也就有了质的进步，所以最后坚持下来的人，才是会取得胜利的人。

学习的过程并不会总是一帆风顺，也会存在各种各样的困难与挫折，学习任务的繁重、考试成绩的失意，都会让我们感到疲惫与压力。这时我们应该适当地调整自己。每个人总有情绪低落的时候，这是无可避免的,不要责怪自己,需要作的只是不断地调整,使自己的学习状态好转,走出低落的情绪。当自己心情不好时,我们可以先放下手中的笔,可以听会儿音乐,看一篇优美的散文或者总结一下自己前一段时间的学习情况,作一个深刻的反省。这些都能让自己静下心来,使自己的心态得到调整,走出情绪的低谷,重新振奋精神,不断奋斗。

身体是革命的本钱,一个强健的体魄是搞好学习的保障,所以我觉得体育锻炼也是非常重要的。甚至在复赛的前一个月,我也不忘每天和同学抽出半个小时打打球、跑跑步。不要以为这是在浪费时间,运动能提高我们的学习效率,效率上去了,自然就学得好。所以,大家在紧张的学习中也不应该忘记锻炼,身体才是最重要的。

感恩父母及老师

其实在自己被保送的那一刻,我最想做的,就是感恩父母及老师,正是因为他们的辛勤付出,才使我取得了今天的成绩。虽然我家在乡下,但是我的父母还是把我的教育放在第一位,不像其他的家长等子女上完初中就让他们去打工。而且爸妈的眼光很长远,将我送到外面的大城市去求学,这使我接触了很多外面的东西,接受了更多优质的教育,使我的视野开阔了许多,也更大地激发了自己的潜力。所以家庭环境与父母的支持也是非常重要的。

总结了这么多,也希望自己的方法能对学弟学妹们有所帮助。学习方法因人而异,适合自己的就是最好的。我们应在学习的过程中不断摸索属于自己的方法。

学科竞赛的学习经验谈

> 化学竞赛是一条漫长的路途，但是无论如何，选择了这一条路，就要坚定不移地走下去。在这漫漫长路中，你将学会自信，学会宽容，学会互助，学会坚强。几十年后，这段竞赛生活还会提醒你，你拥有一份宝贵的财富，即曾经奋斗过的光辉岁月和真挚的友谊。

姓　　名：赵咸元
录取院系：化学与分子工程学院
毕业中学：山东省东营市胜利一中
获奖情况：2011 年第 25 届全国高中学生化学竞赛决赛一等奖

个人经历

关于初赛的准备，每个人都有自己的程序，并没有某一个固定的套路，这也是高考与竞赛的差别之一，但有一个大概的框架供同学们参考。基本上就是通过阅读一定量的大学教材和科学专著先学习基本知识，然后通过做题训练解题能力，积累解题经验。同学们一定要在看书和做题之间找到适合自己的分配比例，二者相辅相成。一位前辈说过的话很好："看书多做题少的人就像笑傲江湖中华山派的气宗，而做题多看书少的人则是剑宗，短期内后者会比前者要强，但假以时日，前者一定会远强于后者。"以我个人的经验看来，题不能不做，也可以多做，但前提是看的书要足够多，足够扎实。只有这样，才能真正达到一流的水平。

  关于准备初赛开始的时间，这个很灵活，依据个人的情况而确定，不过尽量不要晚于高二的下学期。从高二新学年开学正式开始准备竞赛应该比较适当，这时距离第二年的初赛还有一年，时间是比较充足了。在这之前，也应该利用课余时间接触一下化学竞赛的相关内容，但是应该控制在对平常的学习几乎没有影响的前提之下，同时也可以学习一下其他学科竞赛的内容，让自己对竞赛有一个很全面的认识，从而作好学习哪门学科竞赛的决定。在这段时间之内，应该有能力将《普通化学原理》（动力学部分可以跳过）和《普通无机化学》这两本教材阅读完。这两本是比较优秀的入门教材，建议有能力的同学把《普通化学原理》的配套习题解析作为练习做一部分，这样在化学原理和元素化学上面的基础就有了。

  进入高二，就开始了准备竞赛的最忙碌的一年，同时普通文化课内容的难度也增大了不少，所以这一年的任务会很重，但是也是锻炼自己如何在繁重的任务之下调整自己，努力学习最终达到目标的难得机会。因此，这一年心态一定要调整好，要专心致志、心无旁骛，不要暗示自己很累，而是要看到自己的成绩，告诉自己还有很多任务要完成。高二的上学期，按照时间顺序，应该先学习无机化学，到11月底之前应该把北京师范大学的老师编写的《无机化学》上下册全部阅读完（也可以阅读武汉大学和吉林大学的老师合编的《无机化学》上下册，两套教材内容差不多，互为参考最好）。这样，无机化学的内容基本上就算过关了。从12月初开始，就应该开始学习有机化学了，推荐使用南京大学胡宏纹教授编写的《有机化学》，因为这套教材虽然比较薄，但是内容应对初赛完全足够，而且下册更偏重原理，能够让同学们更系统地理解有机反应。如果使用的是北京大学邢其毅教授编写的《基础有机化学》也可以，那么学习的时候一定要慢一些，虽然花的时间会更长一些，但是如果能够把这套教材学习到能够灵活运用的程度,那么有机化学的水平应对决赛题也是足够的。大约到寒假结束之前,有机化学的学习就应该结束了。接下来是结构化学的内容,用北京大学出版社的《结构化学基础》就可以了,用一个多月的时间学习完,一些涉及高等数学的内容可以适当跳过,重点是在晶体结构的部分。因此,关于初赛所用到知识的学习大概 3 月初就可以结束了。

决定参加省选拔的同学在 2 月底到 6 月初的时间应该重点学习一下物理化学的部分,教材用南京大学老师编写的《物理化学》就可以了,上册的统计热力学部分可以跳过。在阅读的同时要把《物理化学》的配套学习指导作为练习完成一部分。在学习物理化学的过程中会用到很多的高等数学的知识,建议找一本简明的正规教材简要学习一下。另外,分析化学也是一个重点,教材用北京大学出版社的《分析化学简明教程》比较合适。关于无机化学可以选择略读一下北京大学出版社《中级无机化学》、《高等无机结构化学》,有机化学可以读一下 B. Miller 编写的《高等有机化学——反应与机理》、黄培强编写的《有机合成》。

最后剩下的两个月就是以解题为主(当然在解题训练开始之前应该进行一些适当的练习巩固一下学习的知识),可供参考的习题册有浙江大学出版社的《高中化学竞赛解题方法》、《高中化学奥林匹克题典》(俗称蓝砖),湖南师范大学出版社的《奥赛经典——化学奥林匹克教程》。

再有就是模拟试卷,现在可见的模拟试卷普遍质量不高,"化学岛"出的初赛模拟试题(俗称岛题)还是比较有水平的,虽然说比较难,涉及的内容比较广,但是就思维量和锻炼解题能力的角度都是很好的。难度稍低的模拟试题是"我爱奥赛网"的 30 套模拟试题(历年的题实际上变化不大),但是需要收费,而我爱奥赛网的历年的联赛试题不需要交费。不论是看书还是解题,都需要同学们多动脑筋,这样才能把知识学扎实,学灵活,锻炼出解题能力和积累解题经验。事实上,很多解题的基本技能是在准备初赛的阶段训练出来的。距离初赛还有一个月的时

学科竞赛的学习经验谈

候先复习一下原来学过的内容,要快,查漏补缺。复习集中做一下历年的初赛题,但是做的时候一定要尽可能模拟出在赛场上的状况,重点是要找到考试的感觉。考试前几天要调整好心态,不要做太难的题,主要是再把细节回顾一下。考场上一定要冷静,心情一定要平和,考试时间是 3 个小时,一般是足够的。

省选拔一般是在 11 月的上旬(第 25 届由于决赛提前的缘故,当届省选拔设在了 10 月中旬),距离初赛有 2 个月的时间。初赛结束以后各位同学要自己估分,由于初赛出成绩比较晚,同学们应该根据自己在学校里的名次来决定是否参加省选拔、保送生考试或者高考。如果决定参加省选拔,那么这段时间的任务不光有理论部分,还要开始接触实验。理论部分的任务不算重,主要是把 2 月到 6 月看得比较粗略的书进一步细化(主要是更高一级的教材),物理化学是重点,热力学和动力学都要掌握扎实,还要做一定量的习题。实验部分是整个准备省选拔的重点,尽一切可能找到条件做实验,实验条件尽量正规,最好能在大学找到相关的老师指导。不要急着做探究实验,省选拔和冬令营阶段的实验考试主要是以考实验操作规范为主,不考探究性实验,不需要同学们自己设计实验,只需要同学们读懂实验讲义,按着要求完成实验就可以了。所以在练习的时候一定要注意操作规范不能太随意,不懂的地方就要问老师,和老师交流起来应该大方得体,因为省选拔和冬令营实验评分有一部分是要老师站在一旁给同学们的实验操作评分,所以给老师留下一个好的印象是非常必要的。

省选拔的考试一般是 2 天,每天大概在 8—9 个小时,中间只有一个小时休息,会非常累,所以同学们在准备省选拔的时候一定注意不要太累,如果出现因为身体原因影响发挥而导致参加选拔失利是非常可惜的。实验考试的时候,冷静是非常必要的,再一个就是需要同学们能够灵活一些,利用好时间。

如果被选入省队,那么就意味着你已经能上一个很好的大学,所以在省队培训期间不用太着急,保持一个好的心态。进入省队之后会有为期一个多月的省队培训，这段时间是同学们进一步提高理论水平、熟练实验操作的最后一个阶段。理论部分就是阅读更高一级的教材，学习过程中要细致、精确。决赛的模拟题比较少，"化学岛"会有一些，但是总数不多，主要还是历年的冬令营真题，做的时候一定质量要高，尽量模拟出决赛的思维和解题状态。实验会有相关的老师领着同学们做，做的时候就是要熟练基本操作，做到平稳、精确、迅速就可以了。

良好的学习环境也是同学们能够迅速提高水平的一个重要因素。决赛理论考试前一周就要调整好心态，因为同学们将代表全省参加的比赛，这也是你们即将保送进入全国重点高校的最后一步，未免有一些兴奋和紧张。决赛考场上，不管是理论还是实验，最重要的是保持平稳的心态和活跃的思维。不论结果如何，到这一步的同学们已经能保送上名牌大学，能够进入到冬令营阶段的同学都是全国的化学精英，也许成绩不是很好，得了银牌或者铜牌也不要过于沮丧。

化学竞赛是一条漫长的路途，但是无论如何，选择了这一条路，就要坚定不移地走下去。要记住，最重要的不是结果，而是这一路的收获。在这漫漫长路中，你将学会自信，学会宽容，学会互助，学会坚强。几十年后，这段竞赛生活还会提醒你，你拥有一份宝贵的财富，即曾经奋斗过的光辉岁月和真挚的友谊。

稳扎稳打，玉汝于成

一是成功的取得绝不是偶然，机会总是青睐有准备的人，唯有稳扎稳打，才能取得优异的成绩；二是要多吸取别人的学习经验和方法，尤其是在自己遭遇学习上的瓶颈时。

姓　　名：李成
录取院系：信息科学技术学院
毕业中学：湖南师大附中
获奖情况：全国中小学生研究性课题报告省一等奖
　　　　　全国高中数学联赛湖南省二等奖

拿到北大录取通知书的那一刻，父母开心得不得了，不停地往家里打电话，向亲戚报喜，看着父母欣喜若狂的神情，我却出乎寻常的淡定。回首高中三年的学习生涯，有太多话语萦绕在心头……

凭借在初中阶段优异的学习成绩以及在数学方面的突出表现，我顺利地考入湖南师大附中理科实验班。虽然早就听说附中实验班藏龙卧虎，可真正进入这里，才感受到前所未有的压力。在综合方面，身旁都是来自各个学校年级的前几名，自己要与和自己水平相当的人同场竞技；竞赛方面，这里有全国初中数学竞赛三个满分选手，有初中就已经自学完高中所有数学课程的人。看着身旁的人高谈阔论自己闻所未闻的公式定理，更加感觉到无比巨大的压力。

竞赛也给力

一度十分迷茫，到底是该把学习重心放在竞赛上，还是努力冲刺高考呢？心想既然有机会进入理科实验班，比别人多一个搞竞赛的机会，就要充分抓住这个宝贵的机会。为了弥补自己在竞赛方面与他人的差距，我初期将学习重心放到竞赛上，虽然竞赛方面有所提高，但是综合成绩却不断被人赶超，随着各个竞赛组陆续刷人，越来越多的人将学习重心调放到高考上，自己在综合成绩上的弊端越加突出。当我把重心调整到综合上时，竞赛又开始有点跟不上。很想找到一个平衡点，让综合和竞赛两不误，可是却始终难以如愿。

在焦急的同时，我也逐渐认清了一个事实，人的精力是有限的，想样样都出类拔萃是很难的，更何况身旁都是数一数二的高手。再说，世界上的很多伟人都是在一个方面做到极致，我应该尽早作出抉择。经过一番深思熟虑，权衡利弊，我在高二拿到数学"省二"后，决定放弃竞赛，专心投入到高考上。跟我一同退组的还有不少人。我抱着些许不舍但充满热情地迈入高考实验班，却被第一次模拟考试深深地打击。半年的时间，让我与那些提前退组的同学产生了如此大的差距。伤心之余，发现一同退组的另一人却考出了极佳的成绩。刚一退组就能拥有如此优异的成绩，让我羡慕之余也产生了很大的好奇心。我向他打听，原来在他决定退组之前就已经开始进行复习了。从他的学习经验中我体会到两点：一是成功的取得绝不是偶然，机会总是青睐有准备的人，唯有稳扎稳打，才能取得优异的成绩；二是要多吸取别人的学习经验和方法，尤其是在自己遭遇学习上的瓶颈时。

在之后的学习中，我不断地用一句话来激励自己：虽然你比别人落后半年，但你还有一年半的时间，千万不要急躁，夯实基础，稳步向前。稳扎稳打的学习方法使我取得了稳定的进步，我逐渐迈入班上的前20名，前10名，再稳定到前5名。

欣喜之余，我却感受到另一份潜在的压力，就是如何能在高分选手中处于不败之地。我摸索到的学习经验有两条。第一，一定要有自己的一门优势科目，然后努力攻克自己的弱势科目。这时参加过一年数学竞

稳扎稳打，玉汝于成

赛的优势便体现出来，我高中每次月考的数学成绩都能稳定到140分以上。虽然没有通过数学竞赛获得保送机会，但是竞赛培训却潜移默化地影响着我的思维和方法；有了数学这门定心丸，我有充足的精力和热情去攻克弱势科目。第二，减少考试中不必要的失分。拼到最后发现，其实高分选手的比拼很大一部分在于考试的发挥，谁能减少不必要的失分，减少粗心，谁就能取得更理想的成绩。对于这一问题，我采取的是错题本的方法。我的错题本有两类，一种是难题的错题本，还有一类是平时考试不该错的题目的错题本，我会将这种题目归类，然后再提出解决问题的方法。刚开始弄这个错题本的时候有点不太好意思，因为上面的题目都是很简单的题目，每次看到都会咬牙切齿，捶胸顿足，感叹怎么会错这种题目。但是经过一段时间我发现，没往上面登记的题目以后经常再犯，登记过的题目能极大地降低再错率。究其根源，我想这也是由于稳扎稳打的作用。

终于，高三的前四次月考我都取得了年级前三的成绩并如愿拿到了北大自主招生的校荐名额，高中学习迎来了一个高潮。但是高三的学习生涯不会就这样一帆风顺，很快，我又面临了新的压力和挫折，北大的校长实名推荐制和清华的"领军计划"，我在最后的四进二中被淘汰；很快，我又与"省三好"失之交臂；高三下学期理综合卷考试后，理综开始成为了我的一个瓶颈；北大经济学院单独面试我也因发挥不佳失去了高考降60分的宝贵机会……在诸多失利和遗憾后，还好我抓住了最后一个机会，那就是自主招生，让我能在高考发挥欠佳的情况下进入到梦寐以求的北大。

艰难困苦，玉汝于成。经历了高三的种种磨难，我对"上帝为你关闭一扇门的同时也为你打开了一扇窗"这句话有了更深的体会。也许恰恰是因为之前的种种失利，才使我能够抓住那个最终的机遇。所以，永远不要慨叹上天对你的不公，那是蚌病成珠前的磨砺，是玉汝于成的考验。

如今步入北大校园，隐约间似乎又有种相似的影子。北大，一个藏

竞赛也给力

龙卧虎的地方，一个充满机遇和挑战的地方，一个更多的压力和挫折将迎面而来的地方。此时的我却不再惊慌，我将用那句话始终激励自己——"稳扎稳打，玉汝于成"。

雨的记忆

回望那曾经的雨季，却发现那令自己嬉笑怒骂的历程一去不复返了——在宿舍之夜的挑灯夜战，在课堂上犯困的迷离双眼，偶尔忙中偷闲的一盘三国杀……都不再回来，如今已然可望不可即了。

姓　　名：李嘉佳
录取院系：新闻与传播学院
毕业中学：广西南宁市第三中学
获奖情况：全国中学生英语能力竞赛二、三等奖

曾听说，十六岁是花季，十七岁是雨季。

十六岁时，虽并非完全无忧无虑，但许多人生中重要的烦恼还未列入思考范围，顾名思义，是纯洁美好的花季。

十七岁时，随着责任感的出现及强化，如同蛹到蝶的惊艳蜕变，其间必然一波三折，正如一场细密的春雨，滋润心田。我的高三正是一场雨季，时而伴随风起云动的震撼，时而倾听水滴鱼塘的心凝，但始终相信，最后会见到彩虹的美丽。

❀ 准备自主招生考试

高三是从自主招生开始的。

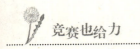
竞赛也给力

　　学校历年来都有这一方面的培训。高二的期末考试刚结束就开始。宿舍中唯有我留了下来,看着其余六个早已卷铺盖走人的床位,心中不免寂寥,但还是坚定决心要走自主招生这条路。

　　很早开始,作为一名文科生,北大就是我那终极的目标,那是一片学术自由、包罗万象的神圣学园。我那时也知道,以当时的成绩,离她还有一定距离。我没参加过学科竞赛,那繁杂的数理化难题让我敬而远之。相比之,我更喜欢政史地,饶有兴致地对付那满满一大版的文字。那时还抱着"宁愿窒息在文字里,也不愿埋没于数字中"的幼稚天真的想法,因此文综也是我的看家本领。

　　参加北大的自主招生是个机会,或许能成为我迈入燕园的助推器。念及此,我更是坚定了留下来参加自招培训的决心。

　　第一天接触到自招的题目时,我就知道此行道路崎岖,并不亚于高考,且难度更甚。数学题目更是近似"奥赛"水准,我只能与它干瞪眼,完全没有头绪。初选、笔试、面试三大关口,环环相扣。听到老师说出那令人生畏的淘汰比率,我心中发颤。对第一关口都望而却步,但还是抱着"试试看"的心态继续顽强地将题目做下去。

　　白天培训,晚上休息。由于家住得远,我并没有回去,而是选择了去跆拳道馆——这是我一直以来坚持的体育项目,每周五、周六晚上定点光顾道馆训练,释放压力,活动下筋骨,岂不乐哉!酣畅淋漓地回到宿舍后冲个凉,点开桌面上的小台灯,拿出一本杂志,听着窗外的习习风声和阵阵蝉鸣,备感惬意万分。

　　这样的开始,美好而充实。

错过校长实名推荐制

　　高三上学期已然走过了大半时,忽而天空犹如被打翻了墨盒的案几,乌云密布。这雨,竟是猛烈了起来。

　　在南宁的冬天开始不久,北大的校长实名推荐制与我擦肩而过。

雨的记忆

失望、懊恼、后悔，各种感觉涌上心头，五味杂陈，令我不知所措。但错过了终究是错过了，除了继续向前别无他法。但转念一想，此次痛失，与我的不自信和犹豫不无关系。

时间容不得我兀自心伤，北大的校荐名额随之而来。这次我自然不允许机会从手中溜走，不管后果如何，我毅然决然地报了名。

雨点淅淅沥沥地打在心尖上。等待总是难熬的，我只能手执伞柄，保持着我一贯的安静，缄默不语。

老师说，自招只是拐杖，高考才是你的双脚。对于自招，不要太过在意。但不知为何，我却对这根拐杖情有独钟，如同孩童对喜爱玩具的执着，失去了，便要哭闹。

所以，在一个晴朗的冬日。得知得到校荐名额的我表面依然淡定自若，内心却欢欣鼓舞到了极致。我在最短的时间内到学校的微机室在网上完成了所有的报名程序，按下回车键的那一刻，如同把许愿瓶抛向了波澜无边的大海，只需等待彼岸的那一声回应。

燕园，你可否听见来自岭南的呼唤？

参加自主招生考试

2月11日，笔试时间犹如一道标杆，接受着众人灼热的目光，却依然屹立不倒。

作为高三分水岭的寒假，仅有十天的假期，而距离标杆还有十五天，这注定不轻松。学校的自招试卷犹如天女散花，充斥着短暂的空闲时间。

我乖乖听了老师的话，将一本名为《大学英语四六级词汇》的小册子塞入书包中，打算利用十五天突击——这别无选择。我向来对自己的记忆力充满信心，而对于此次背水一战更是全神贯注。早中晚无时无刻不在念叨着单词，我还将其做成文本的格式，导入手机——因为我习惯看手机，所以这样可以做到随拿随看，手边紧握英语单词，口中念念有词。因为英语相对于其他科目更具有短时间提升的可能，所以我坚信在

这十五天内多看英语不会有错。

疯狂而有趣的寒假,如白驹过隙般结束了。

笔试如期而至。

我起了个早,吃了简单的早点。妈妈还做了我最爱的蘑菇汤,我就这样暖洋洋地出发了。到了考点,望见人山人海,我心内却是一片平静。不知为何,一句话蓦然在脑中响起:是你的总会是你的,不是你的终究不是你的——是啊,只要认认真真地去做便好了。想着,便含下一块黑巧克力,走进考场。

三个小时的考试如坐针毡。题目不同以往,也不同于平日的训练题型,但题量依旧大得惊人。自招的笔试题目果然是年年有异,变化无常,要想做到如高考般准备周全,是不可能的。

我的手几乎是下意识地在活动,心中只有一个坚定的念想:写完就是胜利。

上午考试结束,我出了考场便什么也没想,直接回家。中午吃了妈妈烧的番茄鱼,而后便躺在床上,闭着眼睛,但没有睡着。

下午三科合卷时间更是紧迫,题量更为巨大。我仍是抱着写完即胜利的决心战斗到底。其间不小心填错了答案位置,好在更正及时,并无大碍。不过,我暗地里还是捏了把冷汗。

考试结束,铃声响起,虽是二月寒冬,但我已然出了一身的汗,犹如参加了一场畅快淋漓的战斗,已经用尽浑身本事完成任务。

并没有父母来接,我一个人走出了考点,平静地走过一条因尚在维修而裁出的小道。忽觉得心中极度疲倦起来。我上了公交车,整个人呈放空状态地回到了家中。

收拾好行囊,第二天依旧去学校。

参加面试

雨势渐渐平缓,但依旧细细密密,连绵不止,似乎进入一条冗长而

雨的记忆

令人难耐的隧道。

  三月仍带着浓郁的寒气，一场倒春寒迫使我穿上厚厚的毛衣，裹上大大的围巾，只露出半张脸来，打量着这雨季的景致。

  偶然的一天，就如"忽如一夜春风来，千树万树梨花开"的感觉，班上忽然都在议论起自招的成绩来。我听到后心中紧张起来，并不知道成绩已经出来，所以周末在家没有上网查看。心中有如小鹿乱撞，回到宿舍后立刻打电话叫妈妈查，怕自己挺不住坏消息，还叫她只发短信即可。

  放下电话后，便更真切地体会到等待是煎熬的道理。我手上抓着张英语报纸，却半天硬是没做出一题。

  手机的振动，如洪钟大吕般，我也震了震，手有些发抖地拿起手机，打开短信："祝贺你，通过了！"

  六个字印入眼帘，短暂的空白后，狂喜与激动如潮水般涌上心头，而后落下，又起，反复拍打着心灵的礁石。

  激动过后便是快速地做好一切有关面试的准备，时间紧张得容不得我激动万分。我在短短几天内准备了自我介绍，和校长实名推荐制的同学一起真枪实战的演习——这样的日子，并不长，也并不充足。

  如做梦一般，我登上了飞往北京的飞机，一路向北。

  初入燕园，是学姐带着我在将近天黑的时候从南门而入。不同于南方的万树常青，萧索的枝桠更突显出校园的庄严和肃穆。看着来来往往的学子，心中顿生出一种强烈的好感来。

  那一瞬，忽然有种大声呐喊的冲动翻腾——但毕竟不忍打破这宁静庄严，只好把这呼唤强压在心底——燕园，我来了。

  面试很顺利。和北大教授亲切交谈，让我真切体会到"悟言一室之内"、"放浪形骸之外"的快意。这次面试十分成功，我获得了三十分的降分，足够成为我接下来的奋斗动力。

  盛夏的燕园，等着我。

竞赛也给力

高考,平静如水

从北京回到南宁,三个小时,而此时离高考,不到三个月。

剩下的时间中,我发现自己变得更淡定,更从容,更自信了。每天有条不紊地复习、做题,周末例行的跆拳道和钢琴练习。感觉自己进入了一个循规有序的传送带中,只为等待那最后一搏。

终于要守得云开见日出,那漫漫雨季似乎也要走到尽头,安静地打着它最后的节拍,不高昂,也不沉闷。

六月,高考,平静如水。

从考场出来后我并没有想象中的欢欣鼓舞,就是像考完了一次月考,不过是一场"校三模"罢了,别无二致。

查分数那日,我看着不甚理想的分数,失落但并不难过。失落是因为没有发挥出最好的自我,不难过是因为进入北大没有问题。

不过,这不过是雨季的结束罢了,遥望苍穹那头的彩虹,又将是一场新的开始。

回望那曾经的雨季,却发现那令自己嬉笑怒骂的历程一去不复返了——在宿舍之夜的挑灯夜战,在课堂上犯困的迷离双眼,偶尔忙中偷闲的一盘三国杀……都不再回来,如今已然可望不可即了。

那雨的印记,却永远烙在了心上,成为永恒的标志。

雨后的风没有停止脚步,
望着横跨的彩虹,我们继续向前,
却往往忽略了身后,
在身后,
落叶被无情地扫落,
而每一片滴着雨点的树叶上,
都有一份闪烁着日光的回忆。

雨,忆。

我的感悟

> 千万别偏激地理解自信。自信只有和理智在一起才不至于成为自负。理智地判断什么时候听劝,什么时候勇敢,相信离目标就越来越近了。

姓　　名:李美疃
录取院系:信息科学技术学院
毕业中学:北京市十一学校
获奖情况:全国信息学奥林匹克竞赛北京市一等奖

一直觉得被保送北京大学是一件十分幸运的事情。事实上,我并非从来都是"别人口中的榜样",我在小学和初中都是非常平凡的。如果说有一些特质使我在激烈的竞争中得到北大的青睐,我想就是我将要写在下面的了。希望有更多钟情燕园的学子早日梦想成真。

学习经验和方法

市面上介绍学习经验和方法的书籍很多,每年的"状元"们也都被各种媒体轮番采访,关于具体的做法我也就不再多说。但是,对待学习的心态或许比经验和方法更加重要。简要的概括就是自信客观并且付诸行动。自认为第一重要的是自信,这个我深有体会。我的英语在高二之

竞赛也给力

前一直不太好，高三前的暑假大家都风风火火地准备刷题，打算在题海中提高自己的分数，但是我采用了一般高三老师都不会看好的方法。我像高一学生一样，不做阅读完形，只看英文小说。凭我当时的英文水平，想要看完一本丹·布朗的小说需要查无数次词典，但是硬看下来之后，完形的错误率变成了原来的 $1/3$，阅读速度的提高更是非常直接。事实上，妈妈看到我在高三着迷英文原版后也很担心，甚至为此和我谈过很多次，但如果当时我不相信自己的感觉，而去相信大家都认为的"这个时候看原版浪费时间不切合题目"，我想我的英语也就不会有那样一次飞跃。

还有一个真实的实例，虽然没有发生在我的身上，但是足以说明信心的重要性。

十一学校和我一届的同学中，有一个被保送了北大化学系，是全国化学竞赛金牌保送，国家队备选。他的名言是"不保送就复读"，后来改成了"不保送就出国"。总之，就是不参加高考。因为他这样的宣言，很多同学曾经嘲笑他，嘲笑他天天上课不听讲、下课不写作业看化学竞赛，甚至他路过时候都以一种略带轻蔑的语气在背后称之为"神"。而他自己每天都很欢快地干着自己想要干的事，好像听不见同学的议论。化学竞赛的最终结果出来，所有人都目瞪口呆地望着主席台上的他，听着主持人宣布他获得全国金牌，保送北大化学系。那一个瞬间我彻底冷了，我也彻底服了，这个事实已经是对懦弱不自信者的最大嘲讽。我相信很多同学也开始从心底佩服这个人。能不顾任何人的想法坚信自己正在走的道路，需要大勇气与大自信。哪个有所作为的人不是这样呢？

众人脑海里的"正常"的行为是他们眼中一个普通人的行为，如果你按照众人所习惯的方式做事，那你只能有普通人的举止。如果你都把自己当成普通人，你还能凭什么成为不一般的人？

当然，千万别偏激地理解自信。自信只有和理智在一起才不至于成为自负。理智地判断什么时候听劝，什么时候勇敢，相信离目标就越来越近了。

我的感悟

三大法宝

自主研修、不迷信课外班和教辅、突击,这三种方法对我的影响最大。

自主研修是学校发明的一种学习方式,不用听课,学生按照自己的方法学会某门课程。其实我只自主研修过英语。通常情况都是把自己的强项自主研修了,以节省时间干更重要的事情。但是我研修的是一门我实在不怎么强,但是有信心能自己学好的英语。强项上课听着也没什么,但当时英语急需更进一步提高,我觉得上课无论方法和效率都不行,就自己研修。可能是得益于几次竞赛集训,我自学能力还不算太差,就这样把英语提了上来。自学能力应该是最重要的能力了,人一生有99%的东西得靠自己学。

记得我小学的时候流行"奥数"之类的补习班,迫于"小升初"的压力我学了大概半年的"奥数"。当时老爸老妈都不信课外班什么的,所以升学结束以后,大家都在报各种班,我就什么也没报。开始我还有点忐忑,但是后来发现报不报班完全不是决定因素,决定因素是学不学。不想学,报多少班都弊大于利,想学的话,拦也拦不住。如果当时报了"奥数"班,我很难想象初高中我对数学的痴情会打个几折,恐怕也没有机会安静下来以一种欣赏的心态面对这种无处不在的规律,在面对难题的时候估计也就一点也不兴奋,那恐怕都不会参加计算机竞赛和数学竞赛了,可能就上不了北大了⋯⋯后果很严重。强加东西,其实自己没赚,保留一份对知识的渴求比任何事情都重要。我很佩服老爸老妈的长远目光。我记得当年拉格朗日明明被柯西的才华震惊,却告诉他学好文科之前不要学数学。拉格朗日没有急切地希望柯西立刻大量研究数学,而是采用了一种更好的方法,让他懂得文科之后更好地理解数学。我一直觉得柯西成为伟大的数学家与拉格朗日采取的不急不躁的路线分不开。

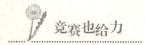

老爸老妈不迷信花花绿绿的教辅也给我省了很多时间。同学的家长买了大量的教辅，每册教材都有好几本配套的辅导书，后来高考后收拾东西，可以全都当新的卖出去。而且事实上，两本相同层次的教辅的相似率我猜恐怕得达到99%。

老爸"自诩"在他上学的时候竞赛很强，他告诉我他最喜欢的方法就是突击。他把这种方法"遗传"给了我，就是系统地专注地搞一件事情。

对中学生竞赛的思考

不能说竞赛百利无一害，但是在我看来开展竞赛对中学生无疑利远大于弊。开展竞赛给了同学们一个一展身手的平台，一个磨砺自己和面对成败的机会，给生活增加了乐趣和激情。

在我接触的这一些人中，学竞赛有三个原因：一是单纯喜欢，二是想要赢得加分或者保送，三是想要通过竞赛证明自己。无论是哪个原因，也无论成败，都对参加竞赛的同学有利。成功自然不用说，自信心一旦提升，各个方面都会有很大提高，我有一个同学就是自从竞赛"意想不到地"成功，之后无论课内，自主招生都名列前茅，一发不可收……失败了也不是坏事。学了很多年竞赛最后没有得到有用的奖项看起来是亏了，但是在人生以后的路途中有多少事情是只要你去做就能成功的？有多少事情是即使努力最终也可能没结果的？也不用举什么特别的例子，因为有太多的成功人士在开始自己的事业的时候都是赔得一干二净。这个时候最见人的魄力，伟人总是在失败后有面对现实重新开始的勇气，放在竞赛落榜选手们身上是一样的。如果因为竞赛失利而一蹶不振，除非以后真能万事如意，否则早晚不是也有消沉的一天吗？更应该提的是，经历一次意义重大的竞赛，往少说也得准备三年，这个分量可以和高考相比了。在竞赛考场上的经历有利于以后各种场合控制自己的情绪。一旦失利,这是一个面对挫折的宝贵机会,应该庆幸这样的经历不是高考给的,你成为了一个"有经历"的人。在这个过程中,高强度的学习、频繁的考试……如何面对压力,安排好自己的时间,提高效率,调整心态,客观地看待自己的能力以作出最有利的选择等,都是在社会竞争中胜出所需要的。提前接触这些问题、经历这些问题、解决好这些问题,会使一个人更成熟,使之成为不只在学术上,更在以后成为真正有竞争力的人。有人说,竞赛是强者的游戏,我看这里强者的含义,远远不只学术上的强者那么简单。

至于眼前的问题,如学竞赛是不是影响高考,我觉得竞赛起的作用基本是积极的。如果一心扑在竞赛上,课内肯定要暂时落下,但是没有舍也没有得,舍去了大量重复的作业练习换得提高的自学能力和丰富的经历,怎么看都是十分值得的。平衡课内和竞赛关系的能力也很重要。如果课内并不是十分好,老师和家长会很担心万一竞赛失利课内也泡汤,又是需要作出重要抉择的时候。这时应得明白,命运在于自己选择,自己要为自己的选择负责。在我看来,经历什么都不白经历。退一万步讲,高考失败了又能怎样呢?如果我们承认高考之后再也没有机会,就等于承认我们这辈子除了高考这么一件只关乎自己的事儿之外不会再干什么大事。难道一辈子就高考这么一件事算是事儿吗?不会有谁会甘心。不过是比别人的路走得更别扭一些,更艰难一些,但是有机会总是不至于让人绝望。竞赛让人提前想通了一些很重要的问题。总之,竞赛带来的都可以称为锻炼。

处理课内学习与课外活动及个人爱好的关系

感谢母校十一学校的宽松环境,课内任务通常情况下不太多,但还是以学习为主,玩耍为辅。玩耍就像激素,微量但重要。课外活动就是我的个人爱好,一般上网、看书、弹琴,有时候和同学一起出去看看电影。我一直觉得课内学习并不是生活的全部,就像一句名言——挣钱是为了活着,活着不是为了挣钱。而且并不是学习时间越长成绩越好,毕竟学习不是一种像抄书一样的重复工作。所以,我每次出去玩或者在家休闲欢乐的时候都不会特别内疚。一般我不会找出固定的时间,如每周日下午两点到四点专门用来玩耍。而是腻了、烦了、兴致到了就跑出去玩。东西只要适度都是好的,要是一直玩会有一种负罪感,一直学会有一种怨念。后来我发现我参加的活动都过于缺乏营养了,而且接近考试的时候大家都比较忙,我自己也比较忙,我就抽空以弹琴或者听音乐为主,娱乐短短的十分钟,顺便陶冶一下情操,也有助于提高效率。

其实我更建议大家爱上对自己有益的事情。可能会导致沉迷的东西,就不要尝试了。我以前是不看小说的人,周围有很多对各种小说着迷的人,于是我也想了解一下小说怎么就那么吸引人。我买了丹·布朗的《失落的秘符》,然后,我这个每天十点乖乖睡觉的乖小孩在得到它第一天一直战斗到凌晨四点半结果了它……当时还挺得意,结果第二天开了一个班会,班长拿出一本英文版的《the Lost Symbol》,我就知道自己有多弱了,从此我爱上了英文小说。一个同学在数学竞赛集训的午休时看到了我在看丹·布朗的小说,交换了一下意见,发现她也看英文书,但看的是时评、散文或者励志书,因为英文小说还是小说,没有营养。我就知道自己弱爆了。当然,我相信大家肯定早就已经达到这种程度,我只是为了说明,你的一切爱好永远都可以朝着对你有利的方向发展,包括钢琴、KTV、电影、街舞、绘画,甚至是刷人人。

保持良好心态

高中以来我有两次比较重要的失败经历,一次是高一计算机竞赛,另一次是第一次保送生考试。

高一计算机竞赛是我第一次参加高中比赛,比较有野心,集训了大

我的感悟

概一个月,然后天天做白日梦,认为自己有了多么好的成绩。结果出来,一道题的内存开大了,于是丢了整整 50 分,我瞬间就崩溃了。其实就是 1 后面多少个 0 的问题,谁让我手抖呢。现在想想当时真是傻得可爱,但是对于当时的我不知道是一种多大的挫伤,满脑子都是"你这笨猪"。我记得我当时都不想参加第二年的竞赛了,想直接参加数学竞赛。

另一次失败——保送生考试也是差不多的情况。以为物理、化学会出和往年一样的风格,但是拿到卷子就知道了不同。后来想想,凭什么就非得一次成功呢?我就算考了两次三次才拿奖不也是拿到了嘛,早晚拿到那个奖项对于我来讲没有什么结果上的区别,我只是把自己在别人眼中的位置看得太重了,非得早早拿到那个奖项来支撑我那个时候青春期的小自尊。其实自尊不需要任何东西支撑。别说没有什么辉煌成就,就算学习不好、挣钱不多、地位不高等,都不值得让一个人觉得自己不够被尊重。有一句话,我觉得真是真理:"除非得到你的同意,否则没有任何人能让你感到自惭形秽。"那天去麦当劳吃饭,和我坐同一张桌子的陌生小女孩在写作文,题目是《我最尊敬的人》。我以为会是爸爸、妈妈、老师、科学家之类,但是她写的人是清洁工阿姨。小女孩都懂的道理,我这么大才懂,虽然有点晚,所幸的是我懂了。

除了人们的看法造成了各种压力导致挫折,还有的就是"如果不……就……"导致的压力。实际上后果怎样都是靠自己把握的,对自己有百分之百的信心就不应该有压力,也就是应该自信一些。况且后果就算最差,我前面说了,也是我们担当得起的。我猜往往这就是人们所说的放下包袱,压力自然也就小了很多。让自己留下的轨迹是真真实实的,而不是遮遮掩掩或者扭扭捏捏的,就算看起来没那么辉煌亮丽,也是另一种完美。

我的高中

高中的知识点多，并且往往较散，但很多题又要求我们能综合应用各种知识来进行解答，所以总结归纳、将各知识点以网络的形式进行联系就显得尤为重要了。

姓　　名：梁明诚
录取院系：物理学院
毕业中学：广西南宁市第二中学
获奖情况：2011年第28届全国中学生物理竞赛全国三等奖、省级一等奖
　　　　　2010年第27届全国中学生物理竞赛省级二等奖
　　　　　2011年第25届全国高中化学奥赛广西区高二一等奖
　　　　　2010年第24届全国高中化学奥赛广西区高一一等奖

十年勤耕耘，盛夏结硕果。以下是我对高中竞赛、学习生活的一些感悟与建议，希望能对学弟学妹们有所帮助。

竞赛，用心感悟

回想当初因为对物理的兴趣而决定参加物理竞赛，回想高中的竞赛备战经历，回想其中的收获和付出，如今对物理竞赛可谓有了更深的感悟。正如老师和其他参加过竞赛的同学所说，竞赛不仅是为了竞赛，它

之于高考也有很大帮助。通过竞赛，我们将学会更多的方法与技巧，这对于解答高考中的一些难题会有很大帮助；通过竞赛，我们的思维能力将得到很大提高，竞赛题中一些独特的理解角度、处理方法和解题技巧，会给我们惯用的思维模式增添别样的色彩，这将帮助我们在解决新问题时爆发他人所不及的思维火花；通过竞赛，我们的运算水平也会提高，快速而准确的计算能力将在解决一些计算繁杂的竞赛题中逐步磨炼出来。

但我认为，竞赛所能带给我们的远不止这些。在物理竞赛的准备中，提前学些大学物理知识是必不可少的。而当时，这主要靠我们的自学。因此，通过竞赛，我们会发现自学能力得到了很大提高，从过去过度依赖老师的被动学习者成长为能主动发现问题并靠自己解决问题的主动学习者。这样有意义的转变，正得益于竞赛这个平台。除此之外，在看《普通物理学》的过程中，我们会学到很多新的知识。当一个个现象得到科学的解释时，我们会感到由衷的兴奋。这不仅仅是因为学到了更多新的知识，更是因为对世界的理解又前进了一小步，我们对物理的兴趣得到了越发强烈的激发。自学能力的提高、认识高度的提升、兴趣的增加，这些正是竞赛带给我们的。这些或许不会对高考有很明显的直接帮助，但却是我们在探索事物规律、获得知识这条道路上越走越远所不可或缺的。

很多人认为竞赛苦，这的确是真的，但更要发现其中的乐。除了苦思冥想地解出难题获得的快感，同学们相互探讨、学习，一起因为一种解法而群聚在黑板前大声争论时，那种莫名的刺激与快乐是不接触竞赛的同学所不能体会到的。而所谓的苦，在我看来正是一种意志上的锻炼。要想解决难题，要想学到新知识，就少不了这种耐性，这种"耐得住寂寞"的钻研精神。并且，如何在高中繁重的学业中抽出时间搞竞赛，如何学习玩耍两不误，也是对自己安排时间、自主规划能力的考验。而我相信，经过这种"苦"所练就出来的品性，以及苦中的"乐"，都将是能让我受益终身的宝贵财富。

竞赛也给力

现在对竞赛的评价有褒有贬，但我认为只要是凭着兴趣和对知识的热情去参与，那么竞赛对于一个学生的成长还是有所帮助的。

❀ 学到的不只是知识

当然，竞赛只占高中学习生活的一小部分，在高中要想有更大的收获也不是仅靠竞赛就能取得的，我们更应该在平常的课内学习中勤奋努力，掌握基础知识，努力发现并学习老师教学中除了知识以外的更多、更丰富的东西。记得在学数列通项的求法时，我们的数学老师便用了一种独特的教学方法。他一改多数教师采用的"老师在上面讲，学生在下面听"的方法，而将探究学习甚至讲授知识的"权力"交给了我们。他将全班分成几个学习小组，各组独自去查找资料，然后让各组选派一名同学，在一星期后的数学课上充当老师，将本组学到的方法教授给大家。的确，或许这样的教学方式将占用更多的课时，但却将我们引入了合作学习的良好氛围中。这里，我们已不再只是学生，更是信息的搜集者、整理者，还是知识的传授者。通过这样一种独特的学习方式，我们不仅对所学知识有了更深的印象与理解，还学会了如何搜集整理信息，以及如何表达自己的思想。而这些能力，都是在以往的"老师教，学生听"中学不到的，却对以后的学习乃至工作都大有裨益。

在高中，我还遇到了一位对我的成长有重大影响的老师，那便是我们的生物老师。他似乎有些古怪，很多时候上课不讲课本的内容，而是提些我们从未听过也从未想过的"奇谈怪论"；很多时候他会用一整节课甚至几节课的时间让我们设计一些似乎与课本内容毫不相关的实验，然后让其他同学来评判修改这些实验；很多时候他不让我们预习，但上课时却问些类似"你觉得基因应该是怎样的"、"你来设计一下叶绿体的结构"这样的问题。然而一段时间后我们才发现，这些所谓的"奇谈怪

我 的 高 中

论"实际上是生物研究前沿的一些重大发现与结论,老师正是通过上课不讲课本而"乱扯"的方式,无形中开阔了我们的视野,培养了我们对生物科学的兴趣;原来那些看似与课本内容毫无联系的实验设计,其中用到的实验思想,如控制变量、设计对照实验等,正是课本实验所要求掌握的。通过这些"旧思想、新课题"的实验设计,我们应用所学知识进行科学探究的能力得到了逐步提高;而对其他同学设计的实验方案进行相互讨论的过程,也训练了我们的思辨能力。是的,老师真是用心良苦啊,将知识与能力的传授悄然而完美地融入这些"古怪的举动中"。但老师不让我们预习却又问涉及课本内容的问题的做法一直让我们不解。直到一个学期快结束了,他才将缘由告诉我们,他是希望我们能根据自己对事物的简单认识与直观感受,大胆猜测事物更深层次的规律,然后尝试设计实验来验证自己的猜想。这种"大胆猜测,小心求证"的格物致知精神,正是我们要想在科学研究的道路上有新的突破所不可或缺的。

　　我们都是理科生,那是否意味着在语文、英语等语言学科上就无法学到更多有益的能力呢?其实不然,至少我们语文老师用言传身教告诉我们,很多语文学习上的技巧能力同样会对理科学习有所帮助。同众多老师一样,她也要求我们要多看多读文学名著。不同的是,她还鼓励我们多看杂志,无论是新闻、科技杂志,还是地理、文化方面的。很多时候,下午放学时,她都会提前到图书馆,等着我们的到来。如果我们有什么问题,或是看到了想找人谈论的内容,都可以去与她聊聊。一段时间下来,我们都发现自己成长了许多。是的,这就是她鼓励我们读书的方式。她认为读书不仅是为了培养语感从而有助于语文的学习,还是一种开阔视野的方式,这将让我们不再是"死读书",而是敞开胸怀去接受更多、更广的知识,丰富我们的知识储备,提高对世界的认识高度。除此之外,她还有意让我们通过阅读,培养快速精确地提取有用信息的能力,而这正是在理科学习及考试读题,甚至以后的自学中都非常需要的。

竞赛也给力

在高中，我们学到的已不再是局限于课本的知识，更多的是放诸四海皆有用处的学习方法，还有对今后学习、工作都大有帮助的积极进取、勇于探索的精神。在高中，老师已不再只是知识的传播者，还是学生成长的帮助者和引导者。

学会放松

当然，高中是一个充满竞争的舞台，在这里你可以尽情展示自己的实力，舞出别样夺目的姿态，同时也要承受竞争所带来的压力。因为有竞争就必然有成功与失败，必然有欢笑与泪水。因此，在高中我们不应只是埋头学习，更应该关注自己的心理，学会合理地释放压力。

释放可以让紧张的心理暂时得到放松，让自己从紧张的学业中出来，为此我们可以融入快乐休闲的课外活动中。其实很多同学不愿意参加一些课外活动，是因为他们觉得这是在浪费宝贵的学习时间。学习稍微落后的同学，更不希望将精力分散在与学习无关的事情上，但殊不知其实这种一心埋头于课本而将必要的休息时间略去的学习方式，对成绩的提高并无益处，甚至还会使自己整天处于紧张的精神状态中，容易产生迷茫困惑甚至厌学的情绪。所以当学校推出课外选修课时，我们都很积极地报名参加了。这些课程种类多样，涉及电影鉴赏、糕点烘焙、古筝学习、微观世界探索等几十个方面，让人眼花缭乱。当然，虽说放松是必要的，但也不能占用过多的时间。因此当时我最多就选了两门，上课时间是一星期某两天的下午放学后，隔周一次。参加这类课外活动的益处是很多的，除了能放松身心，还能学到许多课本没有的知识，学到一些生活的小技能。而如果是参加艺术节、文学节，或是一些社团活动，还可以培养毛遂自荐的勇气，锻炼与人交流的能力，这对于人际交往能力的培养会有很大帮助。

在课外活动时就应尽情融入，完全抛开课业的负担，充分享受那轻松而愉快的活动时光。活动完后,又必须马上将精力投入到学习中,不要再想课外活动中有什么好玩的,否则将使学习没效率,影响成绩,这样也将影响到参加课外活动的快乐心情。但有一点就是,对于活动过多或过于频繁的社团,建议还是不要参加了,毕竟学习是主要任务。所以在选择课外活动时,应充分考虑到自身情况,考虑时间是否可以安排妥当,考虑参加的课外活动是否真是自己感兴趣的,是否是值得花时间投入的,等等。总之,课外活动是紧张的高中学习生活所不可缺少的,但也应理性选择,量力参与,在学习与放松之间找到平衡。

  除了参与课外活动,多进行体育锻炼也是很好的减压放松方式。高中时,每天晚自习下课后我都会和几个同学去操场跑几圈,跑完后再回家洗澡写作业。几个学期下来,我们已经从刚开始的能偷懒就偷懒,变为将跑步看成是每天学习后的乐事了。那十几分钟的跑步锻炼时间,也是我们交流的好机会。一天中有什么不顺心的,或是学习上遇到什么困难,都可以在这时跟同学交流,得到他们诚恳的建议与帮助。当然,一天中有趣的事我们也会讲出来一起分享,于是操场上便传出了同学们轻松愉快的笑声。抽出十几分钟来跑步锻炼,每天坚持,既能使身体更强壮,又能与同学聊聊天、互通心扉、释放压力获得帮助,何乐而不为呢?到了高三,我们也一样坚持,而且还带动了更多的同学参与。记得高考前两天的晚上,我们还在跑呢。

  的确,高中的学习相当紧张,但正因为繁重的学习任务,我们更要锻炼好身体。一天的学习,加之晚自习的埋头写题,当放学铃打响时,我们都感到学得头昏昏的了。可想这时若马上冲回家立即投入到新一轮的学习中,效率必定不会高。先去锻炼锻炼,聊聊天,便放松了。回到家,重新打开课本,也不会产生因为持续学习而出现的疲惫厌倦感,而是头脑清醒、精神振奋。这样,学起来就轻松主动许多了。

  所以,无论是参与课外活动,还是进行体育锻炼,只要能将时间安排合理,既能充分利用一些课余时间放松身心,又能在投入学习后专心致志、不再想玩的事,那一定能让我们在收获知识的同时,身心也得到

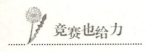

健康的成长。

学会靠自己，这是硬道理

正如心态需要自己的积极调节，在学业上我们也不能过分地依赖老师或其他同学的帮助，而应该主要是靠自己。高中与初中有相似之处，比如老师上课都会有自己的计划，这时只要紧跟老师的进度，那么学到基本知识、考得基本的分数是没问题的。但高中又有其不同之处，让许多完全是依靠老师安排学习计划的同学只能成绩平平，并不拔尖。因此，看到这不同之处，就显得尤为重要了。由于人各有异，因此各人对高中的感受和适应程度也有所不同，需要自己在高中去感悟。

这里就提一点我的看法：高中的时间紧，但知识较深且多。时间紧，体现在基本上两年便要上完三年的课程，并且作业练习多；需要掌握的知识较深且多，即除了课本的内容外，还要掌握许多拓展延伸的知识，并且这些知识往往在理解和应用上有一定难度。因此，我们就需要除了紧跟老师，还要能够充分利用空余时间进行自己制订的小计划。所谓小计划，就是指根据自己的学习情况并结合考试所反映出来的掌握知识是否有漏洞等问题，制订出的一套适合自己的学习方案。例如在一段时间的学习后的测验中，若失分的地方主要是基础或某一块知识，那意味着自己的学习方案中应加入对课本、对基础知识的掌握训练；若失分主要在难题上，那就说明可以自己去买些难度有所加深的参考书，训练解决难题的能力，尤其应在写题时善于总结题目所反映出来的解题思路，包括解题方法的选择、知识点间联系的特点，以及运算的技巧等。总之，订出一套适合于自身情况的学习方案是很有必要的，但一定要坚持，可在完成老师布置的学习任务并掌握新知识后进行。当然也要灵活调整学习方案，可将各类测验或考试作为检验这套方案是否合理的手段，通过考试重新定位自己，灵活调整自主学习的知识侧重点。但切记，不要过于频繁地调整，否则难以起到效果。

除此之外，我们还应善于利用网络、图书馆的资料。当某个知识点或不能灵活掌握时，我们应根据需要去查找下载些资料，或找些专题训练来做。当然对于资料中现成的方法总结，建议还是梳理归纳后，用自己的话记于笔记本中，这样才能将他人的东西转化为掌握的知识。将善于搜集资料与自己的学习方案结合起来，这样我们的学习才能更有针对性、更主动。

最后还应将通过各种渠道获得的知识进行总结归纳。因为高中的知识点多，并且往往较散，但很多题又要求我们能综合应用各种知识来进行解答，所以总结归纳、将各知识点以网络的形式进行联系就显得尤为重要了。在进行各章节的笔记整理时有一个建议，那就是除了将各个知识点及一些小结论的证明方法都有序记录外，还应在每章节的笔记开头将本章涉及的知识点以提纲的形式列出，即像目录一样只有"标题"或概念而无具体解释，并且一定要亲自来想来列。到复习时便可先看提纲回忆本章节有什么知识点、与其他章节有什么联系、涉及这些知识点的题目可能会与其他什么知识点相结合，又有什么常用解法等。若遇到记不清的地方再翻看详细的笔记，这样不仅可以使复习更有效率，还考查、锻炼了提取记忆中信息的能力，有助于提升解题时思考的速度。

学习的方法因人而异。只有通过自己学习时的思考总结和一次次考试的检测，根据实际情况灵活调整，才能找出在某一时期真正适合自己的学习方法。而在一次次这样的不适应、摸索、改变与成功中，可能实现质的飞跃。

浅谈高中学习

收集错题,有时间的同学可以做错题本,把错题剪下(最好另找一张空白试卷来剪,免得损坏试卷),也可以简略记录。我用的方法是把写过的试卷分科目放好,到考试前,就一科科地拿出来看,这样大量地看错题也能发现自己的缺陷。

姓　　名：林可
毕业中学：广西南宁市第二中学
录取院系：地球与空间科学学院
获奖情况：2011全国数学联赛省级一等奖

三年高中生活匆匆而过,在这三年里,我们哭过、笑过、激动过、平静过,经历了风雨与阳光,收获了成功与失意;在风雨中搏击,在挫折中挣扎,渐渐地,我们成长了,从幼稚走向了成熟,收获了永生珍惜的情谊,铭刻于心的记忆,以及那些将伴我们面对今后路途的经验。在此,我就来谈谈一些在高中学习生活中的体会。

❀ 学习要有动力

学习没动力就犹如汽车没发动机,无论是拖车拉着,还是有人推着,都走不远。学习是自己的事,并不是因为别人逼着而去学。如果学习缺少动力，只会想着如何快点完成学习任务，然后有时间去玩，这样只会导致偷懒和低效率。初中时，学习任务不重，加上我比较沉迷网络小说，就是这样的态度。尽管，学习时间我从不用来看小说，但是心思都在小说上——上课盼望下课，留的作业赶紧做完。这样，虽然没有落下学习任务，成绩没有一落千丈，但成绩也被很多人超过，精神萎靡不振。到高中后，学习难度大了，老师讲课进度快了，课堂学习的气氛也有很大不同。虽然高一我还是挺颓废的，但高二就被学习氛围感染了，高三就戒小说了。慢慢地找到了动力，然后想着怎么规划自己的时间，怎么安排自主学习。

至于如何得到动力，要看个人的情况。不过我并不推荐通过来自长辈的压力，这样很容易起反效果，而且高三的压力也足够大了。我的老师跟我们学生打成一片。而我的父母基本不给我压力，只是支持我，凡事都由我自己决定，他们每周都来学校给我送好吃的。我觉得这样子就很好，也是不错的动力。

快乐地学习

很多人觉得学习很累，没有游戏好玩，不如小说好看。确实，学习并不轻松，但可以"苦中作乐"。我喜欢理科，所以上课写作业就有很大的乐趣，解决难题也是挺有成就感的。我的理科成绩比较好，但语文、英语挺差。可能因为我们语文、英语老师上课非常好，都挺有趣，慢慢地我也产生了兴趣，加上不甘落于人后，所以语文、英语成绩也逐渐提升。学习中是有快乐的，即使不快乐，也要乐观。还有，我看到很多同学因为不喜欢某学科，或者说不喜欢某学科的老师而导致那一科成绩下降。对此，我也没什么好方法解决，只能说每一科有每一科的特点，有它的奇妙之处，而每一位老师也有独特的教学方法，我们要学会适应，学会喜欢，尽量让自己快乐地学习。

竞赛也给力

❁ 有计划，不慌忙

学习效率在学习中很重要。大家的时间都是差不多的，而如何在相同的时间有效率地完成更多事情，就是我们需要关注的。很多时候，学习时间都在慌忙中度过，比如，刚进教室，有可能和旁边的同学聊一会儿才开始学习，或者写完当天作业后不知道干什么。还有，一个大的任务，需要拆散成无数个小任务来完成的话，如果随时想起才去做显然不够有效率；另如刷"五三"，一本那么厚，如果只是有心情就做的话，很难在高三完成。这样，我们就需要制订计划。

计划有很多种形式，要根据个人的情况来制订自己的计划。可以是一天一计划，这样能了解到当天的作业，以及除去考试后的自习时间。这样子制订的计划更适应于当天的情况，而且更有利于计划的完成，完成一项，就做个标记。但缺点是比较累，每天都要制订计划。还有一种是模糊的计划，比如一段时间我需要完成什么，然后再拿一段时间灵活地安排。但要注意计划不宜太多，要留下一定的机动时间，尽量不要把当前计划再拖到下一段计划中。这样做的优点是比较灵活自由，但缺点是对具体时间掌控力度不足，如果自制力不够，容易偷懒；或者如果作业太多，可能完不成计划。

以上说的是日常主要计划，下面我再推荐辅助计划，就是每天可以固定一些时间做一些固定的事情，这些事件最好占用零碎时间。比如，我是喜欢在中午睡前写生物作业，晚上睡前写英语作业。这样有效利用零碎时间，而且长期坚持必将有成效。而且，比如"五三"、天利等，可以通过这样积累的方式来刷，久了后，你会很有成就感，这样也能减缓主计划的压力。

❁ 精题策略

我个人不大喜欢题海战术，比较喜欢精题策略。精题策略就是刷少

浅谈高中学习

量的题，得到和刷很多题相同的收获。不过，提醒一句，题海也有很大作用的，对积累知识、提高"手感"有很大的帮助。刷题时千万不能贪轻松，比如语文、英语，这些科目都需要很多的积累，虽然解题也需要技巧，不过积累能决定你的整体水平。这些科目中的阅读需要感觉，有些东西真的很难归纳出来，所以，精题策略也有一定的适用范围，而如数学这样需要归纳的学科，就更适精题策略。当然题海我也不反对，数学中题感也挺重要的，不过题海费时间，所以我不喜欢。

　　精题策略其实包括了很多方法。首先，关于写题的答案。写题是提高的基础，而对答案是重中之重。对一道题，如果有时间，不妨多几个思路去想，说不定你会找到很好的方法，而且，你也能知道这个类型的题用什么方法比较快，用什么方法行不通，以后遇到相同的题就能不慌不忙。还有，可以通过讨论来知道别人的高招，提高自己。关于合作学习，后面我会详细地说。最重要的是，不能忽略答案。有很多同学对答案只是为了对最后那个结果，而不去看答案的过程，这是很不科学的。如果只是看对错，对答案就失去了它应有的作用。答案，代表着出题者的思路，代表着考查的方向。好好地研究答案，要弄清楚为什么。一般，答案都是最精妙的，答案中蕴含着思维。研究好答案，以后遇到同类型的题，就能把握住出题者的考查方向，至少能多找到几个得分点。

　　其次，我们要关注错题。错题代表着你存在缺陷的地方。谁都会错，即使是状元也没满分的，关键是如何不在同样的地方跌倒。错题要找到错的原因，并且改正。错题最好收集起来，免得以后忘记了又犯相同的错误。收集错题，有时间的同学可以做错题本，把错题剪下（最好另找一张空白试卷来剪，免得损坏试卷），也可以简略记录。不过，这些都比较费时间，我用的方法是把写过的试卷分科目放好，到考试前，就一科科地拿出来看，这样大量地看错题也能发现自己的缺陷。整个高中一直在刷题，我们已经做了足够多的题，如果在错的地方不再倒下，就能避免很多失分。

　　再次，我想说说归纳。归纳是个节省时间的方法，如果运用得当，

效果可以和题海相当。题海培养的是下意识的"手感",而归纳则培养理性的感觉。一种类型的题我们会碰到许多,经过归纳,我们对这种类型就能不惧。归纳,就是寻找题与题之间的相似点,找到解题的规律,用于相似的题上。可以找个专门的本子来记录自己发现的规律,以后复习时也方便查阅,最好是个小本子,可以随时看看。如果归纳得当,就能节省很多时间。

别以为精题就不需要积累,积累是提高最根本的途径。当然很多方法只适用于时间多的时候,精题应与题海相辅相成。

关于合作学习

一个人的力量始终有限,如果和其他人合作,可以走得更远。合作学习是个共同促进、共同提高的好途径。我比较喜欢跟要好的几个同学一起讨论数理化问题,我们之间谁发现了什么难题、妙题都会互相分享、讨论。通过这个方式,我积累了很多好方法,也看到了自己的薄弱点,通过讨论,学习到了他人解题的思路。这样,那么多人一起想,大大提高了效率。还有,我们的高中数学竞赛小组,有什么好方法都是共享的。我还见到有同学组成学习对子,有两个英语成绩不大好的同学相约刷英语,他们互相监督,互相鼓励。这样,就能有效避免了个人的惰性,有了刷题的动力。几个月后,他们英语的完形填空和阅读理解错得非常少,进步很大。

我们的数学老师专门用这种方式来提高我们,在高三下学期的时候专门组建了许多数学学习小组,一个小组分配一类考点。我是函数组组长,我和另一个组长每天选经典题给组员做,然后在中午放学后集体讨论归纳。这样一个月后,我们再一起把之前的题型以及解题大概方法归纳汇总,出成一份结果,最后各个小组的成果汇集起来,就形成了高中数学的归纳,这些资料对我们高考有很大的帮助。对我而言,在函数上，我得到了很大的提高。建议大家根据自己情况跟几个要好的同学按一定方式合作学习，这样，你们都会有进步。

劳逸结合，健康快乐

前面介绍了那么关于学习、关于刷题的内容，但也不意味着要拼命刷题。首先，身体是革命的本钱，生了病，如果回家，就会落下许多课程。即使不用回家，状态不好，效率也不会高。为此，我们需要规律的作息。我不大推荐熬夜。即使熬夜，不要太晚，以不影响第二天效率为准则。如果第二天听课受到了影响，你晚上学再多也比不上不听课损失的。

除了规律的作息外，最好还要每天运动。我是每天放学后约三五好友到运动场跑步，这不仅可以锻炼身体，也能放松心情，缓解压力。不要因为学习任务多而舍弃运动，身体永远在学习之前。关于一些零碎时间的利用，我要说一点，不要占用一些必要的放松时间。有的同学在课间仍然埋头刷题，也就七八分钟的时间，刷题也不能进入状态。而且，课间是用来给我们调整状态，为下一节课做准备的，除此之外，也应该到教室外面走廊上走走，看看风景，有助于缓解疲劳，保护视力，这样下节课才有效率。

课外的时间也不要拼命刷题，要多参加课外活动。虽然我们主要是为了学习，可也应全面发展，不要成为书呆子。适当的课外活动对我们的身心健康很有帮助，而且能增进朋友间的友谊。比如我们班，各项活动都是全班参加。这些活动中，准备工作都是全班一起进行的，我们变得更加团结。而且这些活动能缓解学习压力，让我们心情更好，更有效率地投入学习。当然，除了集体活动外，平时自己也可以听听歌，看看小说，上上网，不要成一个只知学习的书呆子。

竞赛也给力

关于考试

面对考试，我们只需做好复习，无需紧张。考前心态要调整好，尤其是高考。高考中，很多同学容易失眠，都是紧张情绪导致的。其实我想说一个问题，高考中父母不要太紧张孩子，这样会给孩子造成压力。父母在高考中不要多问、多说，只需做好后勤工作即可。而同学在高考中，不要刻意改变自己的作息规律，突然太早睡反而不好，调整作息规律只能在考前进行。高考时我和平常一样看书看到晚上11点睡觉，感觉没什么特别的，压力就小了很多。可能有的同学会说，高考的晚上看书没什么用，确实没什么用，只是我已经习惯了，仅仅维持这个习惯而已。

考试中应注意审题，最好把关键点画出，免得自己漏掉。审题没审好丢分是非常可惜的。不会写，不要慌，跳过，先写别的，但要留下记号，免得忘记。实在不会就注意把握得分点，列公式之类。选择题实在不行可以用特殊值法，注意平时考试用特殊值法之后，考完一定要寻找正规方法。

平时考试完后结果可能让你开心，也可能让你失望，但要注意保持一颗平静的心。要知道，那不是高考，错得越多，表明你了解到了自己的薄弱点越多，错过的高考就不会再错。我们要有不服输的心，千万不能萎靡不振，迅速调整，重新投入学习。

关于竞赛

竞赛是一个提高的途径，虽然它学的不是高中知识，但它能锻炼我们的思维。我学的是数学竞赛，停课了几个月准备竞赛，在竞赛结束之后，解答高考数学题非常有感觉，其他理科题也是如此。

决定是否参加竞赛，最重要的是兴趣。如果不是因为喜欢，那么很难坚持得下去。竞赛还需要早点准备，最好在初中毕业那个寒假就开始。竞赛需要大量时间，要量力而为，不要因为竞赛而不重视日常的课程。竞赛只是一个辅助的提高手段，须在有能力的情况下参加。而且在竞赛前一个月还需停课准备，要做好心理准备。并且，竞赛需要积累，突击是很难成功的，所以平时要拿出一定的时间在竞赛上。竞赛中需要团队合作，一个人面对这么多难题是很艰辛的。一般一个学校参加竞赛的同学就是一个小组。学校有个专门的空教室来给我们复习，有好题难题分享破解，收获很大。竞赛中也要注意时间的分配。我是数学竞赛的，一试时间很紧，先易后难尤为重要。

  对于中学生来说，高中是很愉快、自由的学习阶段，学习并不是一切。高中是人生成长的一个重要阶段，我们需要通过更丰富的生活来磨炼自己，让自己在经历中成长，收获真诚的情谊，并得到一份永铭于心的回忆。

青春将一直灿烂

最重要的是要自己理解知识的内涵，即要有自己思考琢磨的时间，这样才能真正消化知识，找到事物的内在联系，在脑海中形成一个系统，无论出什么样的题，便都能分析明白来龙去脉，抓住知识的根本了。

姓　　名：刘娜
录取院系：地球与空间科学学院
毕业中学：吉林省东北师范大学附属中学
获奖情况：全国生物学联赛一等奖

　　高中时代是每个人都要经历且一生难以忘怀的时光，不仅仅因为那些拼搏的热血、成功的荣耀、挫败的困苦或是思索的寂寞，更因为在这段日子里，我们摸索着找到了学习的方法，懂得了时间的规划，体味着家长和老师的期望，汲取着朋友的鼓励与支持，经历着青春的苦涩与甜美，品读着成长路上的点点滴滴。蓦然回首才发现，糊里糊涂的我们在这懵懂之间竟然长大了。

　　我非常幸运能获得保送北京大学的机会，作为一个已经高中毕业的过来人，我非常愿意分享自己的学习生活和经验，既是为学弟学妹提供一些帮助，也是为我的高中留下一点回忆。

关于竞赛

  我所在的班级是理科竞赛实验班,所以有缘接触并了解一些关于竞赛的事情。其实上高中之前对于竞赛也还是比较陌生,课外学到的知识毕竟不系统,对知识的掌握比较浅,而身处这样的班级自然要慎重而认真地对待竞赛这件事。

  记得刚开学的时候老师就告诉我们选择竞赛是既冒风险又具有挑战性的事情。因为若真想得奖取得些成绩,并不是按部就班地跟着老师上课的节奏学习就可以的,它需要你在很多时候放弃班级的正常高考课程去学习额外的知识,甚至花费很多的课后时间来看书做习题复习,所以选择竞赛一定会耽误一些课内课程的。分析过选择竞赛的利弊后,做决定的时候便是最难熬的(当然除了那些立志学竞赛得奖和立志学高考的同学)。我当初纯粹是因为喜欢生物这门学科才选择的竞赛,只要想想拥有生命是多么神奇的事情,我就禁不住神往一番。我在数学、物理、化学、生物、信息这五门竞赛中选择并没有消耗过多的脑力,当然是投其所好选择了生物,虽然据说数学、物理比较容易保送,但我当时绝对没有一丝功利的色彩,因为我觉得只有对一件事情真正地热爱才能有动力去学习去投入,所以我也建议学弟学妹如果真的特别对竞赛的哪门或哪几门学科感兴趣,可以大胆地尝试一下,如果不感兴趣,那最好按部就班地学高考课程。

  在记忆中,生物竞赛课从高一就开始听了。但因为只是听听(还要顾及高考课程),收获并不是很大,许多知识只是记住了名字而不了解真正的内容,糊里糊涂地听了一年的竞赛课,已是高二了。从那时起,我的计划表便有了满满的只供生物竞赛专用的日程;从那时起,我不再只是走马观花而是一切以生物竞赛为中心,看书,背知识,做题;从那时起,我不再是一个按时完成各科作业与学习任务的好孩子而是暂时放下高考准备竞赛,甚至整天待在实验室里不回班级上课。现在想想,虽

竞赛也给力

然那段时光孤独、寂寞、另类、冒着风险，但那确实是我一辈子都不会忘怀、不会后悔的时光。在那段日子里，我热血过、逐梦过，它的价值远胜过高中其他悉心耕耘的日子，也许再长大一点，我回忆起高中时，脑海中不仅有高考前闷热的教室、压得喘不过气的习题，我一定还会记得曾经有那么一年，我自由而快乐地学习着我的所爱，我不顾一切地为它奋斗，即使挫败一直相伴，但一点点进步的喜悦岂能是用分数就可以衡量的？多年后，学到的知识也许会忘记，但这份宝贵的经历和体验会一直促我前行，今后如果遇到什么困难，想一想这段往事也许又会拥有动力燃起激情吧。

关于高考

虽然我们班的同学多少都学过一些竞赛，但大部分还是通过高考考上自己心中理想的大学，所以对待高考不可大意，其重要性不言而喻。

首先说说没有学过竞赛而是立志通过高考改变自己人生命运的同学，我们班就不乏如此之人。即使有些同学入学的时候没有提前学过高中课程，在校成绩不是很突出，但天道酬勤，一定要相信自己的努力才是最重要的。比如我们班有一名同学高一的时候学习成绩不是很突出（当然也是中等偏上的），但通过自己不懈的努力和自信的心态，她在高二和高三时总是班级和年级的前几名，最终凭借优秀的平时成绩获得了校长直推的名额。由此看来，在学习过程中，提前学习并不起决定性作用，保持一个良好的心理状态和永不放弃的坚持精神，一点一点地努力耕耘，才会终有收获。即使收获的结果可能并不是你期待的那样完美绚烂，但奋斗拼搏的意义又何在于区区一个结果？古人讲"谋事在人，成事在天"，只要我们尽心去做了，问心无愧就好。况且人生的机遇和挑战无所不在，我们又何以知道上一次捉弄过我们的命运下一次不会被我们反击呢？所以对于一心一意准备高考的同学来说，既然目标已定，眼下只有这一条道路，只要无所畏惧地努力狂奔，相信道路的尽头定会花开烂漫，姹紫嫣红！

其次，想对学过竞赛但很遗憾却没有获得保送的同学说一番心里话。其实当初选择竞赛时就应该已经做好心理准备，做过最坏的打算，虽然心里还是会有些遗憾，但这是自己选择的就没有可后悔的，这个时候不必伤心，要相信自己的智商和学习能力是没有问题的，毕竟还有高考这条路可以走，相比之下还多一种选择。举个例子，我们班有一名学物理竞赛的同学，他的实力其实是很强的，可是多种机缘让他与成功失之交臂，错过了入选省队，错过了保送生考试，又错过了自主招生考试，但他凭借高三下半年的冲刺，在高考中得了状元，考入北大光华管理学院。是的，机会总是有的，但机会总是留给有准备的人，只希望大家不气不馁，愈挫愈勇，时刻保持着自信，脚踏实地地走好每一步！

最后来谈谈我自己。在我们班众多保送生中，只有我和另一位同学选择了高考，因为我们一直跟着高考课，又是在自主招生考试中才获得了保送，还有两个月就到高考了，我想既然已经学了这么久，怎怕再拼两个月？获得北大的保送着实让我欣喜，但我也想过：如果有一天，困难如一堵不可逾越的墙般横立在奔跑的路上，而我，会泰然处之，依旧用一颗火热的心拼搏；而如果有一天，梦想如仙女般赫然出现在眼前，而我，又会波澜不惊，依旧用一颗平凡的心生活吗？面对成功的喜悦，岂能迷失在骄傲的泡影中停滞不前？垂下狂喜的眼帘，即使前方盛开着艳丽的花朵，我也会闭目心享、静若止水。成功后，我们应该学会放下，学会用平常心对待生活，也许这就是保送后选择继续高考的意义吧！

关于学习方法

孔子讲过因材施教，教学如此，自学也如此。不同的人有不同的学

习方法,不是拘泥于一点而一成不变的,关键是要找到适合自己的,我在此结合自己和同学们的经验粗略谈谈我们的学习方法,只当抛砖引玉,帮助大家找到属于自己的制胜法宝。

首先,认真听讲真的很重要,虽然又是老生常谈,但把握住课上的时间就是最大的收益,毕竟老师一届一届教下来积累了许多经验,知道讲什么知识、怎么讲及讲课的深度等。在听讲新内容时,一定要全神贯注,做好笔记,有疑问的地方可以在草稿纸上先简略地记下来,课间时再去请教老师或询问同学。这样既明白了问题,又能跟上老师的思路,不至于陷于一个问题而错过了其他知识。

其次,最重要的是要自己理解知识的内涵,即要有自己思考琢磨的时间,这样才能真正消化知识,找到事物的内在联系,在脑海中形成一个系统,无论出什么样的题,便都能分析明白来龙去脉,抓住知识的根本了。关于习题,我觉得找一本有详细解析的练习册比较好,从头做到尾,习题类型也就基本包括了,再加上平时老师出的卷子,考试等,也差不多了,我觉得题不用做太多,做得深刻才好。

"温故而知新",对于一些记忆性的知识,则要多复习多看书,比如语文古诗文、英语单词、物理学史、化学的反应及元素的性质、生物中的大多客观事实等,可以说只要是从前没接触过的知识点都是需要记忆的。死记硬背一定是最下策,我认为联想记忆的效果比较好,比如我们班有个同学介绍了一个方法,就是以一个内容为中心,画出多个与之相关联的分支,也就是其他概念,以此类推,最后的效果就像是一颗枝叶繁茂的大树。这样,一个单元甚至是一本书的重要知识点就全在一张图上了。当然,背东西的时候要集中注意力,因为认认真真的态度是永远不会枉待任何人的。

再次,我想谈一谈对英语学习的感悟。对学习英语我并没有花费太多的精力,我觉得学习英语更多的是一种语感(除了语法和单词),所以平日里我尽量多阅读。读英文报纸、读英文小说都是非常有意思的事情,不仅能认识许多生词扩大视野,重要的是培养了一种感觉,而这种感觉是帮助最大的,尤其是考试中的完形填空,有时选项的中文意思都很接近,但是用在适当的语境中就需要去揣测、去品读,有时没有对错,只有好与不好。

最后,也是关键的一点,就是学习的时间和效率。我在一本书中曾看到过很有道理的一种说法,就是真正用来学习的时间=所用的时间×效率,即使耗费一整天的时间学习,但思维没有运转,心思不在学习上,那么一天的收获也是甚微的。所以一旦学习就要有效率地学,也不枉费所花的时间和精力。我的建议就是每天要学习之时,最好给自己订一个时间计划,比如完成一张卷子需要多少时间就尽量在规定时间内完成,期间不要有任何干扰。当然,不要太苛求速度,保质保量才是重要的。

关于家长与老师

我只想告诉大家千万不要用自己的任性和固执与家长、老师做对,这样伤害的不只是你自己。"百善孝为先",都说高中生所处阶段是青春期与父母更年期相遇的时候,意见不合甚至争吵在所难免,但大家要知道世上只有父母最爱你,千万不要伤了他们的心,尽量多理解他们,做一个孝顺的成熟的孩子吧!另外,老师是我们一生智慧的源泉,能陪伴我们三年也是我们的荣幸,老师的学识、经验、为人各方面都值得我们学习,这对于我们来说是一份难得的资源,珍惜为上。与老师的交流与沟通是非常必要的,老师没有工夫一个一个找同学谈问题,但你若去单独找老师,老师一定会认真帮助你分析,有时你也会换位思考,知道老师的想法。

关于同学朋友

能共处一个班级三年本身就是一种缘分,同学与你在一起的时间甚

至要超过老师或家长。即使相处时有擦擦碰碰，但回首时，曾经的一切都是那样的美好，所以珍惜与同学相处的时光吧，毕竟流逝后便再难寻那一场欢闹了。

学习上有困难了，问问左邻右舍，毕竟老师办公室还远，他们会耐心地为你讲解；心中委屈了，他们会递出纸巾在你周围宽慰你；值日来晚了，他们会帮你打扫好教室再瞒过老师的询问；考试失利了，他们会一起哄开一次演唱会看一次电影让你不那么孤单；上课回答问题离谱了，他们会开怀大笑以致自己也跟着笑了起来；从校门到班级，总有人不停地打招呼总有人一路陪伴……同班同学总能让你温暖，总能让你知道你不只是一个人。

知心朋友则是那个帮助你解开心结什么都可以说的人。我们作为社会的一分子，总要有一些交往，总要有一些依靠，朋友就是可以信赖、可以倾诉的人。他们会如影随形般在你左右，他们会在你的生日送上一大堆的祝福，他们会赞美你的微笑，他们会在走廊里陪你疯闹，他们会在课间陪你说话，他们会在你灰心时送去希望、寂寞时送去温暖……朋友的情谊是高中难得的财富，也是今后也许不在一起但想起来仍暖上心头的慰藉。

珍视这份情谊与缘分便是珍藏了青春的一大半。

❀ 关于兴趣爱好

尽管高中的学业让我们忙得喘不过气来，但总是会留出一点时间做自己想做的事，兴趣爱好是一辈子都不能丢的属于自己的一片天地。有句话说得好，休息是为了更好地工作。那我想，兴趣爱好必定是最好的放松。忙里偷闲时弹弹琴，便能感受音乐的魅力；画张画，便能甩掉一身的疲惫；读本书，便能进入另一种思想另一个世界；打打球，便能挥汗如雨，快乐无比；游游泳，便能如鱼得水，自在非凡；滑滑冰，便能心驰神往，仿佛生出了翅膀……

想必大家都知道，高中学业为先，但又有谁能轻视了自己的身体、自己的快乐呢？有好多同学占用体育课、艺术课的时间做习题，我认为实在是得不偿失。在此建议大家多多发展自己的兴趣爱好，为青春增添一份快乐！

关于心态

有好多同学平时学习很努力，小测验也能答得很好，但是大考的时候成绩忽高忽低，发挥不出自己的水平，这不是实力上的差距，而是心态使然。

建议大家从平时做起，有上进心固然是好的，但不要患得患失，毕竟有得就有失，只要不得不偿失就好。千万不要与同学比较，因为你们不是同一个人，当然不能用同一个标准来要求，只要相信自己，看到自己的每一点进步就好。可以自己拿几张小彩纸放在笔袋里，心情不好时就倾诉一下，自己有进步时就写几句话鼓励一下，时刻记录下自己的心语，时常拿出来看一看，便会增添不少动力。

考试的时候，一定要冷静，才能让思维发挥最大的限度。有些同学过于看重考试，便会无形中给自己很大的压力，我认为考试只是检测学习效果的一种方式，只要平时认真努力，就能取得好成绩。况且，考试的时候一心钻研于解题，也不会有太多时间来考虑紧张的事了。每个人参加考试都多多少少会有一些紧张，只要放轻松就好。最后，告诉大家一句话：相信自己的实力，就能成功！

青春是一生中最张扬、最有活力、最灿烂的年华，每个人都无法忘怀那段曼妙的往昔，无论我们做过什么，她在我们心中永远是最无可替代的。不要逝去了才懂得珍惜，错过了才追悔莫及，愿我们都能珍惜这段时光，创造属于自己的辉煌！

心湖蓄水

 理科生，走出符号公式的理想国，用心去体会博大精深的中华文化和文字，毕竟语言文字是我们生活的基石，同样也可以给我们学术上的启发；文科生，抛开虚无缥缈的乌托邦，也去涉猎一下周期表、相对论，毕竟这些看似枯燥乏味的事物构筑了我们生活的物质世界。

姓　　名：宁鸿烈

录取院系：物理学院

毕业中学：北京市第四中学

获奖情况：第六届泛珠三角物理奥林匹克竞赛暨中华名校邀请赛基础试二等奖

第七届泛珠三角物理奥林匹克竞赛暨中华名校邀请赛综合试一等奖

2010年北京市数学竞赛西城区一等奖

第23届北京市高一物理（力学）竞赛北京市决赛一等奖

第13届北京高中数学知识应用竞赛北京市二等奖

第27届全国中学生物理竞赛北京赛区复赛三等奖

第28届全国中学生物理竞赛北京赛区复赛二等奖（第三名）

第六届全国高中应用物理知识竞赛决赛一等奖

梦临燕园逢春盈，

万古馨香醉人情。

未名波抚杨柳绿，

博雅露润薛荔青。

广纳宇宙英才荟,

深藏乾坤万理明。

愿得一朝闻青鸟,

红楼阁外会群星。

再次看到这首我年初写的励志拙作,心湖依然能泛起几丝涟漪。如今,真真正正拿到梦寐以求的北大录取通知书,心里的石头算是放下了。这缕少年曾经懵懂的美梦,安然睡在心底许久,如今终于以喜剧收尾。但我明白,北大,只是在我梦醒时分征途开始的地方。

过去从没有机会让我卸下浮躁,静静地回味一下十八载春秋中对我最重要的事或物。面对征稿启事,默默思忖后,倒是能概括出几句话,可以拿出来和诸君分享。既然心湖蓄满,那笔下便会自然而然地流露出来。

善思敢想真栋梁

思考,不只限于书本,我想与大家分享的思考也远不止于此。我坚信,思考应该成为人生的习惯。这句话说来简单,可思考用的是心不是嘴,所以身体力行其实很有难度。做事前周密部署,做事时随机善变,做事后反思总结,这些都是思考的过程。我觉得,独立的辩证思考是最重要的能力。高考余温犹存,高三硝烟未散,那就从志愿谈起。

依稀记得当初报志愿时,炒得很热的经济管理学。说真的,学经济管理本无可厚非,毕竟谁都不想成天只为生计劳苦奔波却落得囊中羞涩,经济金融也确是生财之道,况且祖国发展日新月异,学好经济也将为国家发展添砖加瓦。可是,它真的能吸引如此多的优秀学生,乃至各省三甲对之趋之若鹜吗?这现象是否能让我们静下心来想想呢?我只想问,如此多的沉浸在经济热潮中的学生们,你们真的了解经济吗?你们真的喜欢经济吗?你们内心深处的声音都是千篇一律的经济吗?我想答

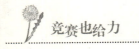

案自明。

我说的"经济热"绝不是空穴来风。早在 20 世纪末就先有"数理化热",21 世纪初又有"计算机热",当年大量优秀学生涌向这些热门专业,甚至导致人才过剩,很多人就业反倒困难,而且真正能出成绩的少之又少,半途而废或碌碌一生者倒屡见不鲜。我想,盲目跟风决定未来绝对是下下策,我们应该审清自己再作决定。

举此例并不是想把大家对号入座,而是想提醒诸位扪心自问是否与心灵作过零距离交流,是否真的静静思考过我们每个人不同的人生追求。如此多的优秀学生都真的喜欢学经济、适合学经济吗?我不敢断言,但我想,盲目跟从大众浮躁热浪的学生大有人在。不错,学经济确实好就业,但退一步讲,难道如此多拥有天赋的高素质学生只为腰缠万贯而活吗?对世界的奉献很多方面都不能用金钱衡量。其实,行行出状元,只要我们用心投入,大可不为生计担忧。

趋之若鹜的人群抬高某些院系的门槛,而分高就报高分专业这可怕的误区又弥漫开来,于是"状元"们的选择好像越来越统一了,恶性循环就此形成。我只能说,如果我们如此决定自己的未来,那未来必将是泡影。当然,如果你充分了解经济,并拥有浓厚兴趣,还觉得自己必将倾其一生奉献于该领域,那么,毫不犹豫地选择经济学方向吧,因为,你的决定经过了你独立全面的个人理性思考,而不是人云亦云。

抛开旁人的想法,远离浮躁的浪潮,真的静下心来想想有用的事情,思考我们人生与方向,品味情感与价值,琢磨世界与哲理。让我们自己决定自己的人生轨迹,活出自己的特色!当然,思考远不止专业方向这么简单。

除此之外,身为学生,对学科问题的思考琢磨充溢着我们的生活。如果说有什么是我的学法中与年级大会老生常谈所不同,甚至有些背道而驰的,那我有两点。第一,独立思考而不是经常发问。身边多数同学遇到难题会向老师请教,诚然,问问题是解决问题的第一步,但是我揣测我们所咨询的很多问题并没有经过自己独立全面的思考。个人认为,当一个问题自己真的绞尽脑汁后再去询问或与周围同学讨论,方能体会更多、更深、更久,因此,与其张口就问,不如先深思熟虑。第二,我特别注重知识习得后的系统联想性总结。个人有总结本,每科(包括文科)都会定期进行大小章节单元的反思总结(文科则是积累)。你会发现,此举可以将书读薄,可以将似乎没有共同点的知识连成体系,大量省去复习时间而且使你对知识驾轻就熟,可以说一举多得,强烈推荐!一定要坚持,刚开始会很繁琐,但轻车熟路后你会发现这更像是一种享受。

以上便是个人推荐的两条与众略有不同的学习方法,有兴趣的同学可以一试,当然切忌全盘照抄,这只是纲领,具体如何去做因人而异,并要经过你的大脑。

另外补充两句话:多想方能少做!没有做不到,就怕想不到!此乃吾所谓之思考也。

快思善忖显本色,勤琢常磨砥中流!让我们时常运转自己的大脑!

摸爬滚打又何妨

历练与失败可能是很多人避讳的话题,可这世界上又有谁能平步青云?宝剑只有经过千锤百炼方能在出鞘瞬间射出寒光,亮煞众人。因此,先怀着感激的心情,再秉持反思的态度,让我们笑谈失败。

小打小闹无法铸造伟人,大风大浪方显英雄风骨。当我们在某方面倾注全部心血依然只收获苦果,那我想,这样的历练才真的能使我们成长。特别想举一个自己的反例,那个让我永远铭记的痛。

高二升高三的暑假对很多搞竞赛的理科生来说就是噩梦,我就是做噩梦的成员之一。我们不仅要应付暴增的课内作业,还要对知识有系统的总结以应对高三复习,最可怕的,已经进入了竞赛倒计时阶段。暑假的几乎每一天,我在刷题中醒来,在笔记旁睡去,我们大家全都拧着一

竞赛也给力

股劲,誓在竞赛中再创佳绩。经过一个暑假的洗礼,我感觉自己的实力已经可以说一等奖十拿九稳,北京队冲刺有望。包括老师,也对我寄予厚望,觉得我是当之无愧的种子选手。于是,我满怀信心,整装待发。

考罢,我感觉发挥正常,胜利在望。可能正是由于这种轻敌与自信,亦或许是冥冥注定,总之当结果下来的那天,所有人大跌眼镜。成绩与预期相差甚远,更可怕的是,我完全不知道败在哪里。于是,我申请复查,可无更改的回复彻底浇灭了我希望的最后一丝火种。尽管低于预期,但我还是进了实验赛,虽然北京队无缘,但一等奖还是可以企及的。但是在之后的三周中,我的内心只有失落、烦躁、绝望与费解,完全无心准备实验。于是结果正如同个人自述中的那样,屈居二等奖,而与一等奖的差距,只有两名。可以说,这道鸿沟彻底断送了竞赛人的保送梦。

毫不夸张地说,那段日子真是噩梦的延续,感觉两年努力付之东流,还有种欲哭无泪的感觉。显然,我为之倾注太多,而且幻想太美好,到头来却都成了天方夜谭。

时至今日,昨日的伤疤还在隐隐作痛,可是看看现在的自己,不也同样凭借实力通过另一条渠道——高考进入了北大物院的大门吗?现在想来,倒觉得收获不少。没有那次阵痛,或许我也不能实实在在地体会到失败之痛,也不会体会到挣扎反抗再创辉煌的感觉。不错,结果很重要。但竞赛的失利在现在看来只是多年竞赛学习的一个不完美的逗号,一切远没有结束,物理的学习还在继续,当我真正在画上句号时画得完美,那便足矣。

失利之后我明白了四件事:第一,拥有一个永不言败的意志和乐观向上的心;第二,对自己正确评价并应该定一个合适的既有压力又有动力的目标;第三,失利后,少去想结果多去反思问题以防止接二连三的蝴蝶效应,"塞翁失马,焉知非福",只有从跌倒中吸取教训才能重新站起来继续征程;第四,也是最重要的,很多时候,失败并不因为什么,这只是考验与历练,上天觉得我们上幸福课太久了,应该换一种方式成长。

最后，我还想说，虽然有太多的悔恨、抱怨与委屈，但我觉得，自己从来没有后悔进行了竞赛这项风险投资。在挑战自我的路上，永远没有失败者；在追逐真理的路上，所有人都是成功的勇者。如果上天再给我一次选择的机会，我还会毫不犹豫地走上竞赛之路。

总之，学会把每一次失败当成一笔财富，这是成功者们的必修课。乐观地迎接，积极地面对，深刻地反思，这是正确的态度与方式。

轻描淡写破囹圄，披荆斩棘笑风霜！让我们勇敢地迎接挑战甚至失败！

磨刀不误砍柴工

何谓磨刀？背课本、冲高考、刷竞赛是也。

何谓砍柴？览群书、玩体育、享生活是也。

当今社会，只有复合型的人才才会投身最前沿的领域，这就意味着，我们每个迈入或梦想迈入燕园的人，都必须是全面发展的"全才"。"学好数理化，走遍全天下"已经成为过去式；"两耳不闻窗外事，一心只读圣贤书"的时代也一去不返。北大，作为走在中国教育最前沿的大学，同样是在培养有专攻专项但博览群书的复合型人才。因此，做最好的自己，不仅要有思想、不畏难，还应在其他诸多貌似相对无关紧要的方面略有建树。我想以下几点不得不提到，它们是复合型人才的重要标签。

全面的发展。这不仅仅是一句口号。母校四中人文熏陶对我们理科生来说真是莫大的善事，而严谨作风又无疑对文科生有着重要影响。理科生，走出符号公式的理想国，用心去体会博大精深的中华文化和文字，毕竟语言文字是我们生活的基石，同样也可以给我们学术上的启发；文科生，抛开虚无缥缈的乌托邦，也去涉猎一下周期表、相对论，毕竟这些看似枯燥乏味的事物构筑了我们生活的物质世界。文理兼修，才之极也。

竞赛也给力

诗意的栖居。这是周国平先生的忠告，也是我特别欣赏的处世态度。没有哲学家的思想和诗人的飘逸不代表我们不能拥有同样浪漫的情怀。闲暇而宁静的午后随便衔来一本书，品味一杯淡茗，弹奏一首音乐，观看一部电影，甚至只是慵懒地享受午后的氤氲阳光，不管周遭是怎样的紧张喧嚣，谁也不能破坏我们心头的诗情画意、良辰美景。鄙人平时无事时还喜欢胡作几首诗，韵律平仄尔尔，全然无妨，只求意境到了，心满意足即可。这便是我希望拥有的豁然的生活态度。我想，拥有了这样的达观，学习事业上也一定能宠辱不惊，波澜不惧。

开阔的视野。国际化的视野可以让我们在校园中有着独特的想法。视野可以培养，拥有一个开阔的视野无疑会为我们学习和生活带来重要影响，因为它可以从根本上影响我们审时度势、看待问题的角度。除了"国际化"的视野外，我想"乡土情"的视野同样重要。行万里路，胜读万卷书。曾几何时，我开始钟爱起旅行，拿起行囊，踏遍祖国河山，甚至赴异域旅行，在戈壁中感受大漠孤烟的沧桑，在珠峰脚下沐浴冰雪的洗礼，在澳洲海岸倾听海浪的呓语，这些不仅开拓了我的视野，还增长了我的人生阅历。

强健的体魄。这看似不重要的一点我却觉得甚为关键。身体是革命的本钱。适时放下书本，每天锻炼一小时，如果高中的你没有做到这一点，那姑且归咎于是学校的沉重课业让你无力喘息，那么，希望你能在今后意识到健康的重要性，去勇敢、自信、张扬地在跑道上挥汗如雨，在泳池中乘风破浪，在球场上沐浴日光。没什么比身体更重要。况且，运动也是减压瘦身的法宝！

磨刀霍霍乃吾辈之责，若能不误砍柴工，善莫大焉，兴亦甚哉！

说了许多，我想三句话可以概括我想和诸位分享的精髓：善思敢想真栋梁，摸爬滚打又何妨，磨刀不误砍柴工。不敢说包治百病醍醐灌顶，只求这心湖之水能如一场淋漓的春雨滋润需要它们的心田，或者只是简单地作为一个引子激起更多思想碰撞的涟漪。大家各取所需，开怀畅饮吧！

十二年的等待

> 在行动之前,什么冠冕堂皇的理由都只是借口,不去做怎么知道自己做不到。我总以为自己不敢与长辈交流,不敢在陌生人前发言,但实际上,我也可以表现得很不错。

姓　　名:王静一
录取院系:化学与分子工程学院
毕业中学:湖北省荆门龙泉中学
获奖情况:第29届全国中学生物理竞赛国家二等奖
　　　　　全国中学生生物学竞赛省二等奖

北大是我十二年等待的最终目标,现在终于向我敞开了怀抱。

小学时候觉得北大很遥远,是时间与空间上的双重距离。初中觉得北大很遥远,是想象与现实中的双重距离。高中觉得北大不再遥远,是亲身的体验和思想的体会给出的亲近感。这亲近感来自与北大的两次亲密接触。

 初入燕园

高二的暑假,学校让我们在即将到来的暴风雨前能够稍微歇息,给了我们一个不长的假期。我还没有来得及享受这难得的清闲,就接到了

竞赛也给力

班主任的电话,通知我去学校,说是有一个北大夏令营的名额他为我争取到了,让我赶快去学校填表报名。突如其来的惊喜让我喜不自胜,一路的颠簸也没有让我神情疲倦。我感觉到梦想在向我一步步走进,似乎可以触摸到薄薄的雾后面灿烂的日光。

烦琐的表格,漫长的等待,在8月1日那一天,网站打开显示的不再是材料未寄到,而是"恭喜你"!我可以去北大了,虽然只是一次夏令营。

和我同行的还有两名同学,大家都是第一次去北大,一路上都兴奋地谈论着自己了解到的北京大学,说来说去,好像自己已经成为了北大的一员。这种美好的想象让我们如此陶醉甚至忘记了我们还需要一年的艰苦努力。迷失在幻想里,我们来到了北大的南门。

南门口有几位穿着黄色短袖的学长,把我们引导到我们的临时宿舍。然后是更多的学长学姐引导我们办完各种手续,饭卡澡卡,行李卧具,一一准备妥当,再爬上四楼,在419这个房间里开始我的北大体验生活。

生活用具准备妥当之后,我迫不及待地下楼来,找到同伴,要去看著名的"一塔湖图"。虽然有着手册后面附着的北大校园平面图,我们还是在北大的大路小路间迷失了方向。又由于是在暑假期间,校园里游客很多,连着问了几个人都不知道应该怎么走,我们只有硬着头皮向前闯,各种大路小路,直路弯路走过,柳暗花明,还真的找到了一个湖,仔细看地图才敢确认我们已经来到了未名湖边。未名湖没有我想象中那么大,但是想到那么多的大师曾经像我这样在未名湖边漫步,就不由得紧张而兴奋。那一天,北京罕见的有些微雨,未名湖烟雨朦胧,垂柳摇曳,比晴天的照片更多了妩媚的风姿。离开未名湖,我们继续向前走,来到了一大片古式建筑前。红瓦白墙顿时造成了一种庄严的感觉,然后转身就看到草坪,华表,古老的银杏,两侧的教室,再向前走就是北大的象征——西门,以及金字招牌——北京大学。

后来,在师兄带领下对校园更细致的游览中,我又看到了静谧的燕南园、巍巍耸立的博雅塔、工整的静园……北京大学取胜于其他大学的不仅是校园的美丽动人,更是一代代北大人不懈的努力让它在思想史学术史上占据的位置,也因为还有更多的人不断地加入到这支队伍里来,这才是北大的力量所在。之后的讲座、介绍,甚至是话剧演出都印证了我的理解。我也可以来到这里,成为光荣的"北大人"吗?

一直有一种不安的感觉,我不会属于北京大学。这种不安感被初入燕园的兴奋感冲淡了,熟悉了环境后,这种感觉变得比以前更加强烈,看着熙熙攘攘的学生、教授、游客,肆意摇曳的大树,规模宏大的图书馆,特别是这一切背后的生机勃勃的北京大学,我觉得真正的北大,真正意义上的精神上的深沉的北京大学,我仍然一无所知。对它的优秀,我感到无所适从。

行走在从百周年纪念讲堂到二教的一段林荫路上,我觉得大学生活离我是如此近,又像是在天边一样遥远。看着来来往往的学长,我不知道最后的一年拼搏到底是不是能让我进入优秀的北大,是不是能让我成为一名合格的"北大人"。怀着忐忑的心情,我踏上了返程的列车,开始最后的冲刺。北大,等着我。

再入燕园

自主招生在武汉考试,我本来没报多大希望,因为当年自主招生名额大幅缩减,且我的竞赛成绩并不是太好,所以完成好这次的试题的可能性不大。结果竟然刚刚过线,我成功地进入了复赛。这给了我再入燕园的机会。

一路奔波,我又来到了北大。三月的北京,寒冷依然肆虐,未名湖上还有一层薄薄的冰,遍布校园的银杏树还没有从冬天的沉睡中苏醒过来。但是校园里还是熙熙攘攘,每个人的脚步都很匆忙,为未来奔走。

没有了初次的新鲜感,我看着那些熟悉而又陌生的景致,揣测这一次的成败。临场表现一直是我的短板,由于性格怯懦胆小,我不敢在长

竞赛也给力

辈面前发言，就连学校的校长推荐初选面试我都声音颤抖。现在来到了陌生的地方，面对三位陌生的教授，我怎么样才能让自己自信大方起来呢？

我一遍一遍地改写和背诵自我介绍，希望用一个流畅的开场白来赢得教授的注意，也可以顺当地完成下面的步骤。到了复试现场，我由于紧张还是忘词了，但又不能像练习时那样从头再来，只能即兴填进去一些内容。还好各位教授不是用严肃挑剔的眼光看着我，而是一直和善地微笑着，这让我舒了一口气，赶紧调整心态，准备迎接接下来的问题。现场气氛很和缓，再加上在等候入场时，一组的四个同学彼此已经熟悉了，所以问题解决得十分顺畅，我也鼓起勇气说出了自己对各个问题的看法。面试环节我发挥得还不错，几个星期后，收到北大的通知说我得到了20分的加分。其实面试给我的不只有加分录取的优惠，还有战胜自我的勇气。没有什么是不可能的。在行动之前，什么冠冕堂皇的理由都只是借口，不去做怎么知道自己做不到。我总以为自己不敢与长辈交流，不敢在陌生人前发言，但实际上，我也可以表现得很不错。要不是面试激发了我的潜力，我或许还会继续沉默寡言，羞涩胆小下去。以后我会学着主动去改变自己，而不是等到客观因素来逼着我改变时才不情愿地从壳里褪出来。北京大学给了我高考前最后的捷径通行证，我得以在高三最后的阶段轻装上阵，追梦高考。

又是几个月的复习备考，眼看着倒计时牌上的数字一天天减少，最后的考验来到了。我觉得高考就是高中生活结束的一个标志，最后的一次月考，最后的一次紧张。等待进场，等待发卷，等待做完试卷，等待收卷，等待下一场，心情起起伏伏、上上下下。考场外艳阳高照，樟树叶子光亮耀人，校园打扫一新。还没来得及准备好，高考就结束了，我觉得这个成人礼很是仓促。考试后的急切等待展示填补了考后突然空下来的生活，结果终于出来的这一刻，我就知道北大一定会接纳我为他的一员。十二年的等待就此结束，我为它画上了圆满的句号。

燕园之前的等待不只是单纯的等待，还有寻找目标的浮躁和期许。

十二年的等待

　　那时候,等待的目标不是也不可能是北大,北大一直作为一个遥远的梦想活在云端,是我仰望和自我激励的对象,却从没有想到它会走到我面前来,让我仔细看个清楚。

　　之前的等待其实是一种成长,在成长中等待,在等待中成长。那时候更像是一点点地积攒,积攒努力,积攒勇气。时间只会走一遍,没有重复。现在再去回忆小学念过的诗、玩过的玩具、切坏的橡皮、卷边的教科书,心里就只有感慨,时光流逝,我都已经走到了大学的门边,心里记得的却是一年级第一天报名拿着抹布和小桶帮着老师做清洁的情景,仔细想想似乎还听得到各种喧闹的声音。初中还有每年开得肆意烂漫的紫藤萝,像云霞一样美艳的合欢,台上的各种沾了泥的体育器械,夏天没有空调坐在门边时吹过的凉凉的风,还有乱得一塌糊涂的组织不周的元旦晚会。高中时候写完的数学物理化学习题集,越理越乱的试卷,永远也不够用的课桌,抱在一起唱《十年》的伤感,还有高三考到麻木的月考。时光带走了我们的青春,只留下一堆破碎的回忆。那些人,那些事情,都在碎了一地的记忆里映出自己的倒影,真的都不能回来了,不能在一起了。成长积攒的应该是经历,经历的一切事情和与之相伴的感觉。现在北大就在眼前,短暂的欣喜又要过去了,还有更多的人去遇见,更多的事情去经历,未来仍然是一盒未启封的巧克力。

　　高考是大多数人的选择,我的等待还有很多的诠释版本,但是我的成长没有复制品。回头望去,收获的喜悦伴随着青春淡淡的忧伤底色,迅速地离我远去。不知道是它们逃离,还是我与时光渐行渐远。我一直看见前方的五彩斑斓,缤纷绚丽,当然,还有未可知的神秘色斑,这也是成长的惊喜吧。我等待着未来的靠近。

长风破浪会有时

在决定学习竞赛之前应当对自己有理性的分析：是否能胜任？是否能坚持？切记不可盲目跟风，也不可因为某一竞赛好拿奖就学习之，更不要半途而废，毕竟高中的时间是有限的。

姓　　名：石书铭
录取院系：光华管理学院
毕业中学：上海市实验学校
获奖情况：全国物理联赛（省级赛区）三等奖

　　黎明即起，孜孜为善，挥汗如雨，执着前行，心存感念。细心数点，于平凡中，收获良多。

——题记

　　爱因斯坦有一句名言："当一个人忘掉了他在学校接受的每一样东西，剩下来的才是教育。"今日的我，再次面对这句话时，少了一分惊叹，却多了一分心灵的共鸣。有人说："经历了高三，就是获得了一笔宝贵的人生财富。"诚然，当我们为之奋斗的一次次考试成为历史，冰山一角下的十分之九终于显露出来，这就是我想要和大家分享的经验和心路历程——希望这些点滴的成功能加快你们的航速，而失败的总结能帮助你们避开暗礁险滩。

　　出生于湖北，上海求学路，四年并三年，实现北大梦，这四句能简单概括我的成长,却远不能总结我的收获,下面,我就从两个主要方面来分享——心路历程和实用经验谈。

心路历程

1. 泪水,苦水,汗水

在每一个人的求学路途上,也许都有几次环境的改变。当我们发现新的生活不再如从前那般安逸舒适的时候,常常会迷茫而找不到状态,这实乃正常现象,林斤澜曾说:"你说你没有思乡,那是故乡思念你了。"我在小学二年级的第二学期离开武汉来到上海,当时,对我来说可谓是翻天覆地的巨大变化。武汉话还不会说就被课堂上"纯正"的上海话弄得晕头转向,甜甜的上海菜肴让我不习惯,新的事物伴随着新的挑战接踵而至,我依稀记得我的小学生活就是不断地追赶和超越,不停地适应和锻炼。

今天,站在过来人的视角回顾,心中便多了份感激,感觉这不再是阴影,而是幸运。因为它帮助我较早培养起了适应能力。温室使人安逸,逆境使人成长。"上帝为你关上一扇门,同时也为你打开了一扇窗。"新的环境里面机遇与挑战并存。例如,小学五年,我的英语水平有了质的飞跃,眼界更开阔了,目标也更加远大。在武汉,我想的更多是昨天"打架"的失利和明天中午的游戏,而在上海,我想的更多的是今天的任务和未来升学的竞争。

如果你还在因为转校到了另一个地区、另一个环境而抱怨,忧伤。那么尽快停止抱怨,感谢父母,因为是他们给了你这次历练的机会,同时积极地投入到新的环境之中。抱怨只会增加人与人之间的距离,使你越来越难融入其中;并且尽快停止忧伤,将旧的友谊珍藏,保持联系,时常通个电话,你也许会发现友谊像一坛老酒,历久弥香。把微笑挂在

脸上,全心地爱上新的城市,全心地投入到新的学习生活,不久之后,你便会渐渐地爱上这种压力,爱上有挑战的生活。

"泪水,苦水,汗水"也许是我那段生活最真实的写照,泪水和苦水无需避免,同时应当把它们转换成为汗水,一分耕耘一分收获的道理大家一定都懂,那么就用汗水努力地为我们的第二故乡(也有可能是第三故乡)添砖加瓦!

2. 兴趣,情趣,智趣

毕业了,离开上海市实验学校的那一刻心中有些不舍,不仅是为六年和同学共度的时光,更是对它颇具特色的办学理念和学制感触良多,"兴趣,情趣,智趣"是它寄予我们学生的期望,和其他重点中学相比,老师布置的作业可谓是很少的了,学习更强调兴趣主导。诚然,兴趣是最好的老师,对于高中学习和竞赛学习尤为重要。例如,它是我准备物理竞赛的最主要动力,因为好奇而探索,有人会说"你高中又学物理竞赛,又学化学竞赛,以后小心竹篮打水一场空"。的确,他说对了一半,我是在竞赛之路上磕磕绊绊,也没有令人骄傲的成绩,但是我并未感到后悔,因为出于兴趣,所以其教会我的更多是方法,是建立模型的方法,而不是对特定模型的记忆。"有心栽花花不开,无心插柳柳成荫",因为有基础,我对自主招生就不再畏惧。

智趣和兴趣同样重要,我们要大智慧而不是小聪明。学生除了日常通过练习和考试来运用自己的知识,还可以通过实践来增强理解。其中社会调查和小论文是非常好的两个途径,因此每一次论文机会我都会努力争取。论文可以针对具体学科,也可以针对某一社会现象,关键是将自己学会的知识灵活综合运用。例如,我在写《磁悬浮原理初探》时参观了上海磁悬浮博物馆,借机了解到了模型构造、商业利润、防止意外的种种安全措施,这些都是平日里我们所难以了解到的第一手资料。又如为撰写《校服制度建议草案》,我参考许多高中的穿着校服规定文件,受益匪浅。而且,论文在大学里至关重要,在高中即了解其方式便可以积累更多的经验。

另外,学校独特的学制允许我们以三年的时间完成四年的初中学习(学校的基本学制为小学初中高中十年一贯制),对于学有余力的同学,我赞同这种创新的实践,这不仅可以为我省下宝贵的一年,更重要的是,它极大地提高学习的连贯性,不会因为初三一年的"炒现饭"(大量的作业复习)而暂停对新知识的吸收,从而有可能失去在高中挑战高难度题的可能,并且它可以充实初中的学习过程,和高中学习做良好的衔接。当然,如果有能力,可以尽量提高自己的知识面,从而提高学习的积极性。

3. 幻想,梦想,理想

在我眼中,幻想不同于梦想。梦想来自幻想,而高于幻想。有些人想一夜成名,这是小概率的幻想,而另外一些人愿意一步一步获得成功,这就是梦想。我们应当成为梦想家而非幻想家,这就一定要做到两点——认清自我和脚踏实地。

每当面临选择,在评判选项的优劣势时候,我们首先应当问问自己的意愿而不是被外界的言论所左右,选课是如此,选学校亦是如此。例如,当北大的录取通知和港大的 offer 同时到我的手上时,我并没有一味地随着"港校热"的大流而立即选择香港大学,而是自己进行综合评定,考虑学费问题和专业优势,最终选择了北大。

脚踏实地也是实现梦想的必要条件,我从来就坚信,只有努力才有可能有回报,浮躁是万万不可的,例如,在我身上就有惨痛的教训,高二第一次参加物理联赛,赛前我想通过刷题来应对这个竞赛,而完全忽略了竞赛中基本公式的复习,再加上押题的"赌博心理",使我那场考试铩羽而归,回来后总结教训,无论是竞赛、自招,还是高考,往往成功者都是不畏枯燥、稳扎稳打、基础知识清晰的考生。

而理想,则是臻于完善的愿景,它是人生的奋斗目标,不会因为某一次考试的结束而达成。在我们的学习生涯中,失败在所难免,但只要

竞赛也给力

一直怀揣着理想，看淡平日里的失败，就能从痛苦的情绪里走出，迎来下一步的辉煌。另外，我们应当把目标定得长远一些，同时也应当提高其可完成性，例如，在进入高中时，就可以开始规划，是出国还是参加高考，越是早作出决定，其成功率也就越大。若是在临近高三时再为出国和高考两者纠结，就有些晚了。

实用经验谈

1. 竞赛学习的得与失

从小学到高中，我的竞赛之路一波三折。小学时数学、语文、英语都有所获奖，而到了初中，我未将精力投入到竞赛学习之中，有所中断。高中伊始，我重新转战竞赛，却只获得"全国高中学生物理竞赛（省级赛区）三等奖"，下面来分享一下对于竞赛学习的小小感悟。

第一，学有余力的同学应当参加竞赛。如果你还在犹豫，我以为，学习竞赛对于学有余力的高中学生并不是什么坏事。

一是竞赛可以拓宽学生的眼界，现在的高考竞争激烈，难度必然加大，如果只是操练历年的高考题，真正上考场时遇到难题新题还是会犯难，学习竞赛一定程度上可以锻炼思维，发散思维。另外，自主招生已成为大部分高考考生在高考之前的一次关键机会，有了竞赛基础，自主招生的复习也方便许多。

二是如果对于某一门学科有着浓厚的兴趣，参加竞赛可以极大地提高对于这门学科学习的积极性，学习也会相对而言变得轻松。例如，学习竞赛的学生可以轻松应对高中学业水平考试，也容易在高考中获得高分。

但是值得一提的是，在决定学习竞赛之前应当对自己有理性的分析：是否能胜任？是否能坚持？切记不可以盲目跟风，也不可以因为某一竞赛好拿奖就学习之,更不要半途而废,毕竟高中的时间并不是充裕的。

第二,戒骄戒躁,竞赛学习应当稳扎稳打,什么时候开始训练真题应当评估好。例如,我的同学从高二才开始训练竞赛真题,他反复地夯实自己的基础知识,同时这也为他后来的提升打下了坚实的基础。他曾在赛后对我说:"最后的考卷是为了检查你的学习能力,而不是题量。"他最后如愿以偿地获得了化学联赛一等奖并取得保送资格。

又如,在我读物理业余学校时,前排两位同学来自初三,在点名时却拿出了三张听课证,老师吃惊,他们解释已经把初三、高一、高二的课都报了。一天连着上三堂课,这种读法我不是很推荐,过于高强度的练习效果不一定很好,在高二课堂上,因为讲课难度较高,他们无奈地玩起了手机游戏。这对需要持之以恒、稳扎稳打的竞赛学习显然不是一件好事。

第三,最好有系统的培训和自己的总结。竞赛学习最好要保持连贯性和系统性,可以寻求某一竞赛培训学校,或是制订一个属于自己的计划,题量应当适中,太少没有效果,太多重复劳动。在复习完老师上课所讲的题目以后,做好能在笔记本上总结一下这种题型,这对今后在遇到相类似的题目有很大帮助。

2. 自主招生:不打没有准备的仗

自主招生的重要性不言而喻。各大教育机构早早地打起了"广告战",什么"高二自主招生能力测评",什么"2014提前备考",似乎大家普遍公认的就是自主招生越早准备越好。在我看来,早准备是对的,但是过于提早也不一定可取。我从高三上半学期开始正式准备到自招结束大约经历了大半年的时间,我想把我的准备计划和大家分享一下。

第一,高一和高二阶段,夯实基础。打好扎实基础知识,适当学习自主招生知识或是参加竞赛,挑战一些具有竞赛难度的题目。如果是参加联考,则一定打扎实语数外,如果是参加复旦大学自主招生笔试(俗

竞赛也给力

称"千分考"),那么对各门学科都要认真对待,其涉及语、数、外、理、化、生、政、史、地和信息科技共十门课,并按照比例出卷。这就要求在高中三年的每堂课都要认真听讲并且有所拓展,最好在学业水平考试中拿到全 A,这样在高三的正式准备中就会比较轻松。

第二,高三前的暑假,两件事至关重要。一是认认真真地复习高考知识点,并可以适当练习去年的一模卷或是二模卷,争取在学校里高三一上来的月考中出色发挥,很多学校都是以这几次成绩来决定学校推荐的人选,还有可能获得北大的加分优惠,上海地区还有"直推表",即免笔试直接参加面试。这对竞赛不强但是学校知识出色的同学无疑是一个极佳的机会。

二是储备自主招生基础概念,包括一些自主招生所涉及的竞赛知识点。可以去书店买几本参考书籍(我使用的第一轮资料为《名牌大学自主招生高效备考》,华东师范大学出版社),或者可以去参加自主招生的培训班让老师系统地讲授自招知识点。

第三,高三上半学期的黄金时间。高三的作业多,自己可支配时间少。但在有限的时间内,一定要每天保证有时间来进行自主招生的题目练习,以保持"手热",每天1~2小时足矣,前提是不影响课内的知识复习和整理,因为时间不多可以自己定一张计划表,做到有条不紊,平衡学校和自招。

对于自招招生的准备过程而言,可以开始大量地做一些分类的真题。在我看来,真题数量已经相当多了,不要怕做完了没题做,可以少量做一些较有名气出版社(如华东师范大学出版社、上海交通大学出版社)的模拟真题。这时,建议不要做一整套的题目,知识点较为分散,不利于掌握。

另外要说的一点就是,现在就开始训练自己的言谈举止并且准备一本笔记本,用来记录最新的时事热点,听取各方面评论,并且记录下自己的观点,到学校后可以和老师交流一番。这样做有两点好处:一是为自己的作文增添时事素材;二是,为自主招生的面试做好准备。

长风破浪会有时

第四,高三寒假的冲刺。如果已经拿到心仪大学的推荐表,首先恭喜你,可以将寒假一部分时间专注于自主招生的最后冲刺上了,如果没有拿到,也不要气馁。这时候对自己的评估尤为关键,如果觉得自己自招考试冲击名校的概率很大,并且自己有资格(如联赛获奖),那么可以将自己的重心从高考上转移到自主招生上,而且寒假必定是高强度的训练。

这时,就要考虑对于题目的选择了,因为时间有限。建议这时主要练综合卷为主,最好能找几套具有高仿真度的模拟试题(真题也可以),前提是在做综合卷时里面的题目最好对自己来说都是新题,最好在计时的状态下模拟考场的感觉。

复习陈题方面,对于做过的题目,如果有时间的话,最好进行题型的分类,没时间的话就快速地浏览一遍(我当时是这么做的),要做新题。但是,这时做新题的数量不要太多,关键是要调整状态,因为在上海高三一上来就有复旦的"千分考",接踵而至的就是各大联盟的考试,所以体力储备也是很关键的一环。

第五,考前和考中注意事项。考前最好把书上的知识点复习一遍,不要有知识点的遗漏,进入考场后可以适量地在脑海中快速回想出现概率高的最主要的知识点,充满信心,不要慌张。

考试中,当监考老师把试卷发下来的时候,不管题目对你有多熟悉,都要先认认真真填好考生号,而且每一页上都要填考生号,最好填完了以后再检查一下。

值得一提的是,因为上午和下午都要进行考试,建议中午在外面吃饭,这样可以减少体力的消耗,静下心来准备下午的考试,但是要注意的是,中午一定不能吃辛辣的食物,建议在前一天踩考点的时候就找好适合自己口味的餐馆,以免影响到下午的考试。

第六,考后,不要依依不舍。当天考完,百度贴吧里面就有各式各样对题目的讨论,心理承受能力强的考生可以看一下,但对考试的"回味"最好不要超过三天,下面就要把主要精力投身于面试或是高考上

了。我在贴吧上看到许多考生一直念念不忘,将近一个月的时间都"茶不思,饭不想",这样会严重影响到高考和面试的准备,即使笔试过了,面试也因为准备太匆忙加之心理调节不过来而铩羽而归,这是得不偿失的。除非考试感觉很差、很差,面试的机会都是应当努力争取一下的。利用好这三个月的时间来准备面试也是异常重要的,毕竟"过去了就让它过去",纠结于其中劳力伤神。

3. 面试经验分享谈

许多老师和培训机构都认为"面试"主要是临场发挥,看"造化",短时间是无法有效的提高的,于是就轻视了对面试的复习。我庆幸当时没有受到这种言论的干扰,能准备一点是一点,至少准备了,心理上有优势,和老师交谈也不会过于紧张而支支吾吾。在面试上,我有较为不错的成绩,下面我来分享一下我的经验。

第一,面试准备——不可或缺。面试准备绝不是弄虚作假,而是更真实地向老师展现自己的能力。如果不准备,很有可能因为怯场而发挥不佳,或是因为讲话过于强势(滔滔不绝)使老师反感。如何准备面试,可以分成三步。

第一步:真题分类。面试的题目可以粗略地归类,而且对于特定类型的题目,可以用一定的思路来组织语言,比如说在我准备面试时,就分为个人类问题、学科基础专业性问题、人生价值观、时事热点评述四个大类,然后尽量多地收集题目,然后归纳到这几个大类中。当然,可以在大的条目中分出子条目。这样做的好处是,分类越是明晰,回答时也就越具有逻辑性,而不是一股脑儿不加思考地说一大堆废话。

对于整理的题目,每天都要更新,每周都要操练。例如我将题目打印出来,并剪成纸条状,每天抽出几条过目,这样可以锻炼自己的反应能力和临场应变能力,训练语速,争取做到流利回答。

第二步:组织语言,锻炼思维。如果说流利回答是及格,那么回答质量就能区分优秀和良好。首先,我自己认为有逻辑的一分钟回答(可能多少受到议论文和英式思维的影响)胜过辞藻华丽却想到哪儿说到哪儿的五分钟回答;其次,最好紧紧地回绕老师给你出的题目回答,不要离题。另外,要多多锻炼思维的深度和广度,说他人所未说,而且理由充分,就有信服力,就是很好的回答,在我看来,老师更注重我们的思想,一个新观点比十句引用更具魅力。下面就上述几个方面给几个简单的小 tips。

对于一个问题最基本的方法就是三段论——是什么,为什么,怎么办。当然,如果时间足够,我们还可以在"怎么办"后面加上"这样做的影响"。或者,我们可以寻找对比组,例如人的内在(internal)和外在(external),物质与精神等。也可以运用类比,方法很多,但最终的目的是一样的——使你的回答更具有说服力。

对于拓展思维,可以和自己的语文老师(或是政治老师)多聊聊社会的热点,和同学一起分享一下,如何分析这些社会热点。还可以浏览报纸,并对精彩的语言进行简要摘录。

第三步:模拟面试。模拟面试是最后也是最重要的一个环节,这时一定要全真模拟,感受时间压力,注意自己的行为是不是有习惯性的动作,有没有口头禅,是否做到举止有礼,谈话的音量大小等。通常,校方会组织集体模拟面试,这时一定要参加,不要怕出丑,出丑才会有改进。当然,和你面对面的老师可能就是你的任课老师,这时不要嘻嘻哈哈,就当做不认识的考官(残酷了点),虽然真正考场里的老师都比较和蔼,但是养成"随便"的习惯会给老师留下负面的印象。

第二,集体面试,谁是主角。集体面试比个人面试简单吗?我看未必。当然,在集体面试里大家可能心理上没有那么紧张,但是想要出彩也相对困难。首先,要敢于清晰地表达出自己的想法;其次,不仅要关注自己的观点,还一定要仔细听别人的陈述;最后,就要努力成为集体面试里的主角。那么,谁是主角?

竞赛也给力

是发言最多的人吗？是第一个陈述观点的人吗？是最后总结的人吗？在我看来，未必。主角应该可以引领讨论的人，我把它比作牧羊人，既然是一个团队，就要有团队凝聚力，"主角"可以将小溪汇聚成河流，将观点提炼出来；同时，团队要有明确的方向，而"主角"就是要在恰当的时候给予恰当的修正，在思维禁锢时提出新的思维，如果自己说的话被别人引用，不要生气，应当感到欣慰，这表示对自己的肯定。

"主角"发言不会太多，一般也不会太少，能够穿针引线、画龙点睛足矣。

第三，英语面试，不要畏惧。我参加了两次港大面试，第一次是自主招生时，获得了工学院 offer；第二次是高考后，很遗憾没有获得奖学金。我总结了一些经验和教训。

英语面试重在思想，同样重在口语。一些市面上的辅导书里说发音不好听没关系，如果有机会提升发音质量，一定不要忽视这个问题。另外要注意自己的语速，不能太慢，想一个词说一个词，也不能太快，导致连考官都听不明白，关键在于连贯性。其他细枝末节的地方也要注意，香港教授应该很注重细节问题，例如说话时最好和考官有眼神交流，并保持微笑。

参加香港大学面试的考生个个都是精英，这时一定不能因为怯场而一言不发，要积极地把自己的思想观点表达出来。碰到了"面霸"也不要担心，老师总会给发言少的学生机会发言，这时一定要抓住机会来表现自己。竞争是残酷的，因为害羞而缄默不语的考生很有可能第一回合就出局。

另外就是个人面试的问题，教授在集体面试完了以后，会通知一部分人再进行个人面试，个人面试并不代表在集体面试表现的好坏，很优秀的同学和"沉默者"进入个人面试的概率都很大，个人面试更加生活化，没有必要紧张。

长风破浪会有时

结语

　　以上就是我想和大家分享的内容,希望这点小小的心得能够祝大家一臂之力,在高三打一场漂亮的大胜仗,凯旋而归!正如李白所言:"长风破浪会有时,直挂云帆济沧海!"

我的数学竞赛之旅

同一道题,亲手做和直接看答案收获是完全不同的,只有亲手尝试,了解到题目的解决过程中哪些环节有困难,看到答案时才能对答案的解法有比较深刻的理解,才能对自己日后解题时形成解题思路有所帮助,直接看答案则往往很难理解一些操作的巧妙之处。

姓　　名: 宋星辉
录取院系: 数学科学学院
毕业中学: 河北省石家庄第二中学
获奖情况: 第 27 届中国数学奥林匹克二等奖

2012 年 1 月 7 日、8 日,我想我一辈子也不会忘记这两天,第 27 届中国数学奥林匹克竞赛。我并不是像其他很多参赛选手那样的数学高手,进入省队并参加冬令营对于我来说是一次通往北大的难得的机会,更是一次宝贵的人生经历。我很庆幸自己发挥出了自己的水平,并有幸得到北大数院的垂青。正如开幕式上中国数学奥林匹克委员会主席王杰教授所讲的:"虽然这次冬令营对很多人来说是一次挫折,但是经过一段时间后再回首,一定会发现这是自己人生中一次难忘的回忆。"在大赛闭幕后,我脑中一幕幕闪现的并不是被北大预录取后的欣喜,而是在这短短一星期中心情的种种起伏,以及学习竞赛过程中的挫折与愉悦。

从小学二年级开始,我便与数学竞赛结下不解之缘,由于我学习专

我的数学竞赛之旅

注,理解力强,在各类小学数学竞赛中收获众多荣誉,一时间也成为学校里的名人。那时候对数学没有什么理解,只是觉得自己似乎比较擅长这门学科,而到了高中,数学上的优势帮助我在考试中总能取得不错的结果,因而对数学产生了一种偏爱。我所在的初中没有专门的竞赛方面的培训,而我当时也没有提前学习一些进阶知识的意识,整个初中仅仅按照课本学习基础知识。很多数学工作者及教授都反对义务教育阶段的数学竞赛,上高中后我也听到很多小学曾一起学习数学竞赛的同学抱怨小学花时间做题对高中数学却没有任何帮助。但是根据我的观察,他们在高中数学没有明显优势主要是由于当他们的数学起点领先于其他人时,他们将更多的精力放在了自己的薄弱学科(颓废一些的人放在了娱乐上)。数学竞赛给予他们的显然不只是在数学层面,他们的记忆力、理解能力、创造力都优于一般人,在其他学科甚至包括地理等文科科目上,他们的成绩也相当不错。这其中的很多人在性格上似乎也有所改变,更有个性,更机智敏锐,同时更有毅力和自制力。我认为这些都是数学竞赛带给他们的改变。对于义务教育阶段的数学竞赛,我认为专家学者们反对的是很多中小学为了荣誉和生源而强制学生学习并练习大量习题,而并不是反对数学竞赛本身。从小学到高中,单墫这个名字陪伴了我们很多年,他写了许多本中小学生的竞赛辅导书,书中无处不凸显出数学竞赛题的趣味性和解法的简洁优美,我想单墫教授如此尽心竭力地向数学初学者们推荐竞赛的乐趣和优美,一定是由于他坚信数学带给我们的绝不仅是繁重的任务和数学成绩的些许提高,而是智力、性格、意志上的超越自我。

记得在初中毕业之前,曾和班里另一位极有天赋的同学一同约定要一起考上二中理科实验班,参加竞赛,努力在高二便获得保送,之后一起疯玩一年。现在看来当初的狂言略显幼稚,当然最终我们都没有达到那个目标,他没考上这个班,而我在高二也只拿了个省二的安慰奖。真正开始学习数学竞赛才发现,高中数学竞赛与中小学完全不同,用《名侦探柯南》作比喻,如果说小学竞赛是阿笠博士出的冷笑话,那高中数学竞赛就是连环杀人案。一道二试大题就像一件错综复杂的案件，需要从条件中发现解题的线索，找出条件与问题的联系，很多题往往无法一步到位，需要一步接一步地进行推理，每步都有可能使人陷入找不到突破口的僵局，而为了打破僵局而做出的假设和猜测有时也会将自己引向错误的方向。竞赛题的这些特质都像极了错综复杂的案件（也许这就是为什么那么多学数学竞赛的同学都热爱《柯南》），但也正如《柯南》中所说的那样："其实侦探通常在说出自己的推理时，内心都会有点忐忑不安的，例如会担心是否忽视了什么、遗留了什么，所以，每当自己的推理一矢中的时，当中的成就感是难以言喻的。"做竞赛题时也有类似的感受，陷入僵局时头脑一片混乱感到无比焦虑和烦躁；找到突破口时仿佛脑中一道光闪过，情不自禁地自言自语"哦，难道是……"在草稿纸上演算完毕后强按住砰砰乱跳的心脏一步步检查逻辑是否合理；发现犯下低级的逻辑错误时那种空欢喜一场后的沮丧；还有证明完毕后难以抑制的兴奋，以及兴奋过后平静下来回顾整个过程和那些还未理清的细节。相信这些感受对每一个投身数学竞赛的学生来说都无比熟悉。

　　数学竞赛在高中各项竞赛中是知识量要求最低的一门竞赛。数学竞赛不像物理竞赛、生物竞赛和化学竞赛那样要求大量的大学知识，需要先修很多大学课本，甚至连物理竞赛需要的很多高等数学的知识在数学竞赛中也是毫无必要的。数学竞赛的知识要求几乎仅超出高考要求有限的范围，而且很多的定理、公式也都可以通过已有的基础知识进行较为简单地推导或证明。数学竞赛重在考查选手们对基础知识的运用、变形和构造、创造的能力，对技巧要求很高。很多数学竞赛中的经典好题，其解法都有很高的"艺术性"，很多题的解法中的一些步骤乍一看像凭空产生，毫无缘由，但当重新回味整个过程，就能发现那些看似莫名其妙的假设、规定和变形，对解题往往能产生出人意料的效果，经常使原本看不出任何联系的条件和问题瞬间变得一目了然，每次在我和其他同学研究这样的好题时，总能时不时地听到大家的惊叹声。

　　对于有志于数学竞赛的学弟学妹们，我有如下这些经验和建议供你们参考。

第一,不能轻视高考内容,打好基本功。我前面已经提到过数学竞赛的特点及其与其他竞赛的不同,基础知识对数学竞赛来说非常重要。一试有120分,在几年之前,一试的分值还曾一度达到150分。虽然与二试相比,一试题的思考量和难度都相对较低,题型与高考题类似,难度稍高于高考题,但是由于一试时间非常有限,而题量却不能算小,因此要求对基础知识和方法的掌握要非常熟练。通常一道填空题最好在2～4分钟内完成,超过5分钟的话对心理和时间分配都影响很大,大题视题型和难度分配时间,总之在不至于犯错的前提下越快越好。很多一试题虽然难度不高,但是设计巧妙,往往很多做二试试题的高手也会认为它们棘手,甚至可能半个多小时都解决不了;还有一些题很常规,方法多种多样,但每种方法的具体操作有明显的难易之分,而一试题没有足够的时间供你仔细斟酌,这就要求对各种方法都要很熟悉,必须尽快判断出哪种方法相对不费力、不费时。二试试题虽然与高考题型有很大不同,但很大一部分的二试题仍需要基本的解题技巧,甚至有些难题的背景就是那些并不引人注目的高中范围内的简单定理或公式。因此务必要把基础知识熟练掌握。

第二,练题要亲手做,不要直接看答案。我的同学中就有这样的人:为了图快,题目一眼看上去没有思路就翻答案,这样一来的确很快刷完了一本书,但却总是有看到一道题感觉面熟却毫无思路的情况。竞赛参考书多得数不胜数,但有许多同类型的书都是大同小异,甚至70%都是重题。不妨选定几本好书,看得细一些,书中的例题往往都是作者精心挑选、编排的,一定要亲手做一做。我的习惯是先做10分钟,如果毫无感觉就稍看一眼答案的前几行或提示,只要有一点感觉就努力往下做,做到30～40分钟如果觉得很难再有所进展就看答案,如果觉得有希望解决,就继续做直到解决问题或实在做不下去为止。对于习题,如果没有思路,建议不要一味硬做,更不要直接看答案,建议先翻回到前面的例题看看有没有可以借鉴的东西。值得注意的是,往往答案看到一半可能就知道后面大概怎么做了，这时不妨先自己尝试着做一下，实在解决不了再继续看答案。同一道题，亲手做和直接看答案收获是完全不同的，只有亲手尝试，了解到题目的解决过程中哪些环节有困难，看到答案时才能对答案的解法有比较深刻的理解，才能对自己日后解题时形成解题思路有所帮助，直接看答案则往往很难理解一些操作的巧妙之处。

第三，整理总结，对好题要深入分析。从第一天学数学竞赛开始，我们的辅导老师就建议我们准备总结本，总结一些思路，记一些好题、好方法并加以批注。在物理省赛前几个月，我就不断听到学物理竞赛的同学说已经找不到什么新的题型了，他们平时的测试成绩也都接近满分，拉不开差距。数学竞赛就大不相同，如果有人说见不到什么新的数学竞赛题了，那么他可能是绝顶高手，但他更有可能是在吹牛。我们一直在感叹为什么做了那么多竞赛书做测试卷时却总是能见到新的题型，如果你想要通过记住所有题型来取得好成绩，应该说是没什么希望。看竞赛书、做题、记题、总结是为了通过研究各种题型的思路解法，渐渐学会面对数学难题时的思考方法，形成一个解决问题的思维习惯。在做题的过程中，如果见到思路、方法很具有代表性且应用范围很广的题时，可以把题记下来，并找一些方法类似但题干表面看不出联系的题，还可以在推测还有什么样的题可以借鉴这种思路。有一些题能产生各种各样的推论或衍生出很多题目，这样的题也很有必要掌握。至于那些偏难怪题，一般来说了解即可，不用花费过多精力研究，当然如果解法十分巧妙，也可以记下来留作参考，因为很多巧妙的解法对启发思路很有帮助。另外，在总结时要随时联想，记完一道题就翻一翻前面记过的题中有没有与本题有共性的，这样的关于共性的总结做得越好，相应地，做新题时对题目的理解和解题感觉也就越好。

第四，适当放松，但不能过于颓废。大部分竞赛生在联赛前最后几个月都是处于不上文化课全力做竞赛题的状态，没有课间，没有体育课，甚至可能没有老师指导，只是自己选择学习方式，这种生活持续几个月的确使人感到非常枯燥。由于在自习室老师很少监督，当时我们有很多同学喜欢在吃饭时间前后进行一些娱乐活动，如打篮球、玩手机，应该说这些活动是有必要的，在紧张的学习之余的确应该留出一些放松的时间。但是建议大家在放松时以休息大脑和眼睛、放松心情为主，不应影响到之后的学习，尤其是经常有同学在课下玩得不尽兴，就把娱乐时间延伸到课上，甚至很长时间都不舍得重新开始学习，玩过之后又开始后悔自己浪费了太多时间，导致不住地自责，没有学习的状态和心情，还积累了焦虑感。我在准备联赛时也养成了每天中午和晚上休息前玩手机的坏习惯，每次一开始玩就停不住，严重影响了休息质量和学习状态，所幸在联赛前改掉了这个毛病。所以建议大家一定要克制自己的玩心，我有不少同学都是因为考前过于颓废导致没有发挥出正常水平。不要重蹈他们的覆辙。多给自己积极的心理暗示，从日复一日的练习竞赛题中发现乐趣，享受解决难题时的喜悦，保持一个积极的心态和学习态度。

我谈竞赛保送

想要取得好成绩，关键有两点：积累和悟性。积累是指增加知识储备，这包括语文基础知识的积累、英语的单词积累、数理化的公式、定理和方程式的积累。悟性是指答题的技巧方法，这需要在不断的练习中积累经验，归纳总结，举一反三，灵活运用。

姓　　名： 贺心蕊
录取院系： 信息科学技术学院
毕业中学： 天津市南开中学
获奖情况： 2011年全国高中数学联赛一等奖
　　　　　　第28届全国中学生物理竞赛二等奖
　　　　　　第25届全国高中学生化学竞赛（省级赛区）二等奖
　　　　　　第4届全国中学生语文能力竞赛高中组二年级全国二等奖
　　　　　　2010年度中央电视台英语演讲风采大赛天津赛区高中组二等奖

　　喜欢数学，喜欢挑战，喜欢那解出难题的成就感，因此，我选择在保送的道路上，为了梦想而战。有人说，竞赛是一场高风险、高投入的赌局，押上时间精力，博一个机会，一个踏入名校的敲门砖。但我觉得，竞赛之路更像是一次历练，开拓视野，磨炼意志，不管结果如何，都是一次难得的人生体验。

❋ 有兴趣，学习才快乐

在很多人看来，拼竞赛对于学生来说是一种折磨，高强度的竞争让学生担负了太多的压力，愈发失去了本就不多的快乐。但对于我来说，我会永远记得同学间相互比拼实力，共同奋斗进步的美好时光；我会永远记得每一次苦思冥想后，恍然大悟攻克难题的兴奋激动；我会永远记得在不断练习中，完成从量变到质变的飞跃式的欣喜自豪。我想，对于竞赛人来说，最重要的就是培养兴趣，提升动力，也许只有这样，才能感受到竞赛拼搏所带来的快乐，并愿意为此付出努力；才会化压力为动力，永远充满干劲；才会忘记疲惫，全神贯注，奋斗不息。犹记得初听大学教授的讲座，对我来说每一道题能够听懂就算成功，而身边的高手十几分钟就能报出正确的结果；犹记得挑战二试题时，苦思几十分钟却仍是毫无思路；犹记得为数学竞赛最后冲刺的日子，平均每天要完成十几套模拟题。我想正是有了对数学的兴趣，享受解题的乐趣，才能让我在竞争中坚定提升能力的信念，让我在遇到困难时不放弃努力，让我在不知不觉中完成大量的练习，最终取得理想的成绩。不仅竞赛如此，平日的学习更是如此。我一直相信兴趣是可以培养的，每一个学科都有其独特的魅力。在语文一段段优美的文字中，你是否看到了中华民族的文化内涵？在数学一串串公式定理背后，你是否体会到数学特有的简洁、严谨与逻辑之美？在英语一群群长得差不多的单词之间，你是否被一种全然不同的西方文明吸引？在物理一个个复杂的运动过程中，你是否会产生想要看清世界的冲动？在化学一堆堆方程式里，你是否感到物质间相互影响、变化的动人心魄？所以不论是哪一个学科，只要你改变对学科的态度，给自己一个喜欢它、爱上它的理由，兴趣就会油然而生，你就能自主利用时间，在快乐中与知识亲密交流。

竞赛也给力

❀ 平衡竞赛与学习时间

对于每一个竞赛生来说,时间总是感觉不够用,既要兼顾高考和竞赛,又要在丰富多彩的集体活动中享受友谊,锻炼能力。而且高中的知识本就庞杂,对于竞赛生来说更是知识无限,学无止境。因此,在完成每一件事时最重要的是效率至上,专心致志。提高效率,才能比别人拥有更多的机会,有更多的余力为竞赛打基础,做准备;专心致志,才能在最短的时间内做最多的事,事半功倍,不失精准;付出更多的努力,才能有可能超越别人,为未来占得先机。就我自身而言,我一直尽力提高自己的解题速度,争取尽快完成当日的作业,这样每天都会有空余的时间拓展研究更加高深的知识,广泛涉猎,接触了越来越多的竞赛题、越来越多高深的知识后,站得更高,不仅提高了竞赛能力,对课内的知识也有了更好的理解。刚开始提速的时候,发现自己的准确度下降了,小错不断,但随后,在坚持不断的摸索实践中发现,提高速度不仅要不断练习,还要及时检查验算,专心致志,从而逐步提高准确度。坚持下去,就会开始享受奋笔疾书的乐趣,尤其是当爸爸妈妈对我的计算能力表示赞叹时,感觉真的特别好。这样,做题速度快了,准确率也有了保证,学习效率才是真正的提高了。考试的时候,由于计算能力提高,时间总是非常充裕的,答题的时候也就气定神闲,不会因担心答不完题而心神不宁。每当我已高效而准确地完成学习任务,并开始着手进行自主选择的练习和竞赛提高的题目时,看到其他同学还在为成堆的作业忙得焦头烂额,我更加体会到效率是第一位的。

与此同时,要想能够在高考、竞赛中找到平衡,在繁忙的学习、活动中游刃有余,做好规划,合理分配时间也是必不可少的。在我看来高考是竞赛的基础,高考为主,竞赛为辅,只有课内的知识学好了,竞赛才有把握,学有余力的时候将竞赛作为拓展训练,高考竞赛相辅相成,才能以轻松的心态应对各种考试。

此外,我觉得,高中生活若是只有学习实在是太过单调枯燥。选修课、义工、社团、运动会等,通过参与、组织形形色色的集体活动,可以使课余生活丰富多彩,既能缓解学习压力,提供更好的学习状态,又可以锻炼能力,增进友谊。可以说,在高中,处处都是发展兴趣,锻炼自己的舞台。就我自身而言,我从小喜爱钢琴,于是就在合唱节中担任伴奏,那种通过集体的磨合练习,最终在舞台上展示风采的感觉让我一生难忘。在社团方面,我参加了红学社,在那里,和朋友们论诗、品人,体会到的是另外一种自由和快乐。面对这些应接不暇的课外活动,繁忙的学习生活,学会取舍,制订计划,合理安排时间,选择去做最适合自己的事就显得格外重要了。

既然时间精力有限,那么如何安排才能工作学习两不误,高考竞赛两手抓?就我自己来说,制订详细的学习计划,根据学习进度安排每日预习复习,课内课外的时间表以及每日必须完成的学习任务,并且定期进行系统复习。提前安排好课外活动和各项组织工作的时间,并作出相应的学习任务调整,活动时专时专用,工作时全心全意,这样才能真正在实践中得到锻炼,既不耽误学习,又能提升能力,将高中生活变得更有意义。

我的竞赛保送之路

竞赛保送之路注定是充满打击、失落和挫败感的,或是因为身边强手如林,或是因为题目苦思无解,或是因为听讲座如听天书,每一次挫败都会动摇你坚持下去的信念。因此,在竞赛保送的过程中,需要的就是树立目标,意志坚定,永远保持一种向前的冲劲。首先要给自己一个明确的定位,设定长期目标。竞赛不像课内知识的学习,有像期末考试这样的机会检测自己的实力,因此,更需要靠自己的努力,定期做模拟题发现问题。制订学习计划,每自学完成一部分知识立即进行实战检

竞赛也给力

测。由此设定短期目标，但要知道真正的对手是自己，与其超越别人，不如超越自己，争取每天都有小进步，或是新学了一种解法，或是新学了一个知识，或是提高了熟练度，或是提高了准确性，这种实现目标的小惊喜，会为自己坚持下去提供源源不断的动力。与此同时，我想，大概只有意志坚定的人才能真正拥有抗拒诱惑的能力和不畏失败的勇气，这样，才能最终在竞赛保送的道路上取得成绩，守得云开见月明。当劳累的时候，当想要放弃的时候，意志坚定的人会在稍事休息之后重整旗鼓，以饱满的热情完成未完成的任务；而意志力薄弱的人会放纵自己，抗拒不了诱惑，即使勉强继续学习，也只是摆个样子，心里还留恋着放松时的一切，心思全被各种胡思乱想占据，如此一来，既耽误了时间，又没有学到东西。在产生了兴趣的时候，意志坚定的人能够持之以恒地做下去，而意志力薄弱的人则是三分钟热度，这也许就是"有志者，事竟成"的道理吧。与此同时，意志坚定的人拥有不畏失败的勇气，不会因为考试而紧张到茶饭不思，夜不能寐；不惧怕暴露问题，不会被失利打倒，能够直面竞争，勇于迎接挑战。这种自信带来的是一种淡然的心境，有了它，在考场上就会更加冷静，不会患得患失，也不会因为纠结而影响自身水平的发挥，这种淡定、霸气也会让你在平时的课内学习中更加关注于自身的学习漏洞，而不是平时放松，考前熬夜，纯粹为应试地学习。

  竞赛保送确实高风险，就算是实力强大的高手，最终获得的成绩也要受当天的答题状态、题感、心态影响，有时投入的时间精力并不能与最后的成绩成正比。另外，能够真正进队拿牌然后直签的同学毕竟是少数，大多数的竞赛生都需要通过保送生考试实现自己的梦想。因此，只有夯实基础，全面发展，才能为竞赛保送铺好路。夯实基础，注重课内知识的积累，力保自己即使保送失败也能通过高考实现梦想，这样在竞赛备战的关键时期，才能放心大胆地拼尽全力，而没有后顾之忧。在我们班，有些同学专攻竞赛，而忽略了扎实基础，最后在竞赛中却并没有如愿以偿地拿奖进队，回头重新冲击高考却是困难重重，有的虽然拿到

我谈竞赛保送

了保送资格，但保送生考试也考的是综合能力，基础不牢，最终也并没有进入理想的学府。所以，要在学有余力的基础上进行拓展，在扎实基础的前提下发展兴趣。冲击竞赛的同学很有可能只注重喜爱的学科的学习，而对不擅长的科目视而不见，把竞赛保送当成了逃避弱势科目的捷径。这样，竞赛保送就成了唯一的出路，不仅会给自己太大压力，容易造成发挥失常，而且即使拿到一等奖，在保送生考试这种考查综合能力的测试中也不容易取得好成绩。所以全面发展，一专多能，才能在各种选拔考试中拔得头筹，比别人占得更多先机。而对于课内基础知识的学习，课前预习，课后复习，及时解决问题特别重要。做好课前预习，就能提前对知识有所把握，在课堂上就能更好地与老师互动，无形中增加了对知识思考与记忆的时间，学的时候就会更有针对性。每天完成作业之前及时复习，学完一部分知识后进行系统复习，不仅可以加深对知识的理解，还将完成作业变成了学习成果检测，学习的效果自然很好。在做题的同时还要注意及时解决问题，遇到问题要先尽力自己研究，经过自己充分思考后再找老师或同学探讨，有时还会通过别人的解答学到新的解题思路、解题方法。另外，在给别人讲题的过程中，更可以锻炼思维的逻辑性、连贯性，给别人讲得透彻，自己也更明白。

  想要取得好成绩，关键有两点：积累和悟性。积累是指增加知识储备，这包括语文基础知识的积累、英语的单词积累、数理化的公式、定理和方程式的积累。要想充实知识储备，就要持之以恒地反复记忆，尤其是公式定理一定要熟记于心。有了这些知识储备，考试时才会有话可答、有理可据，做文科题有语感，做理科题有思路。悟性是指答题的技巧方法，这需要在不断的练习中积累经验，归纳总结，举一反三，灵活运用。有了悟性，答文科题就会找准给分点，答理科题就可以快速作出预判，找出最简便迅速的解法。此外，学习时要时刻谨记，高中的知识是一套完整的体系，不仅每一个学科都有自己的章法脉络，各个学科间也是相互关联，可以说是相辅相成的。各科均衡发展，学科间相互促进，头脑中有了体系的概念，才能将知识灵活综合地运用到解题过程

竞赛也给力

中。这同时也体现在数学竞赛中，往往一道题综合了多个知识点，需要综合分析，寻找突破点。

而对于竞赛的临场发挥，最重要的应该是调整心态，沉着应战。考场如战场，毕竟每一次考试都是一个不能浪费的机会，不能调整好心态，造成发挥失常，不仅辜负了之前的辛苦努力，更为今后的学习留下失败的阴影，打击自己的自信心。我们班的一名同学，一直成绩不错，本想冲击化学竞赛省队，可是心态不稳，发挥失误，勉强拿到省级一等奖，而在接下来的保送生竞赛中，又再一次失意而归，自主招生也没能通过笔试，转战高考，虽然基础好，平时成绩也不错，但屡次受挫，无法再调整好心态应对大考，最终在高考中再次发挥失常，没能实现自己的梦想。所以我认为，不要将结果看得太重，同时永远保持着必胜的信念与信心。这就需要在平时加强实力，在不断的模拟练习中熟悉题型，树立信心。面对考场上题型的变化，或是临场意想不到的困难，不要慌乱，及时改变做题策略，转变思路，寻找突破口。答题时专心致志，气定神闲，全身心投入在题目当中，即使失败也不会后悔。如果做题时胡思乱想，质疑自己的能力，犹豫不决，无法集中精力，就很难发挥出自己真正的水平。即使失利，也不要失去信心，永远心怀前行的勇气，才能尽力抓住下一个机遇。

总体来说，我觉得，竞赛保送首先是建立在兴趣之上的，没有兴趣，就不可能自主学习更多高深的知识；没有兴趣，就不可能有决心完成大量的补充练习；没有兴趣，就不可能在激烈的竞争中坚持下去。有了兴趣，竞赛才有意义。而面对紧张的学习生活，效率至上，专心致志才能让我们将宝贵的时间更好地利用起来。而在丰富多彩的高中生活中，劳逸结合，适度参加集体活动，能够帮助我们建立健全人格，因此最好规划，合理分配时间，才能让我们用有限的时间精力获得最多的收益。同时，竞赛保送是一条漫长的道路，它需要我们长期的坚持和不懈的努力，在这个过程中很容易错误估计自己，忽视自己的问题，迷失本心，因此树立明确目标，定期检验自身实力，意志坚定，勇于战胜各种困难，才有可能走到最后。而课内是课外的保障，只有夯实基础，均衡发展，脑海中形成知识体系，才能在冲击竞赛时没有后顾之忧，在保送生考试中，比别人拥有更多的机会。最后，一个好的心态，是取得成绩的保证，答题时专心致志，沉着冷静，自信坚定，是决定临场发挥的关键。

　　通过竞赛保送，我学会了为实现目标而努力奋斗的坚持；通过竞赛保送，我经历过在强手如林的环境中激发潜能，超越自己；通过竞赛保送，我体验过努力付出后有所收获的自豪欣喜；通过竞赛保送，我知道，自己曾经拼搏过，曾经奋斗过，曾经为梦执着！

漫　　　想

 我觉得在学习上最重要的品质就是踏实，姑且不论天资是否在人与人的比较中有所差别，踏实的态度恐怕是每个人通向自己成功路上的不二法门。踏实的具体表现，其一是上课认真听讲，其二是及时总结。

姓　　名：王淏然
录取院系：北京大学哲学系
毕业中这：北京市十一学校
获奖情况：2011年第25届全国高中学生化学竞赛省级赛区一等奖
　　　　　北京高中生化学竞赛高二组一等奖

　　不知道什么时候北京大学开始走入我的世界，自然也不知道心里有一颗种子，已经萌发。我的学习成绩一直不错，而自己却有一种算是谦卑的心情，像是朝圣之路上正在行进的朝圣者，虔诚期待到达的同时却迷茫前路的未知，是故对于北京大学敬畏多于渴望，崇拜不失想念。

　　遥远的梦，时间却不慌不忙地把它拉向我面前。从成都来到北京生活，父母说要带我去看看北大、清华，不知道怎么着，我突然蹦出一句话："不去看了，反正未来我会到那里去的。"许是年少的张狂，但是我想在那一刻北大已经不是遥不可期的圣地，笃定的信念已经把它变成了一个实在的目标了。

直到临近高三的暑假，我才真正开始接触这所中国的顶尖大学。先是北大化学系的夏令营，后是全国优秀中学生的夏令营。我怀着好奇品味这个凝聚思想的学校，在心里不断说："原来这就是未名湖"，"这就是图书馆"……我看见了古色古香的中式建筑，在湖畔林中，红瓦墙壁上蹒跚着爬山虎，碧绿苍莽。我看见了有斑驳墙壁的古建筑，同时更看到了现代的建筑，这是一种时间的力量，包容一切，从传统中继承，又无限延伸至未来，我霎时就希望能体验这一种未来了。古朴契合我的个性，未来带给我无限的遐想，北大就像是一个等待我多年的好友，我终于得以和它会面，心旷神怡。

　　由于我在化学竞赛中获奖，我得到了参加北大保送生考试的资格，其实当时虽然很希望能够在高中后进入这所大学学习，但是我一直都是希望以高考生的身份进入而非其他方式，这是自信也是一个执念，所以我并没有太寄希望于保送生能够通过。申请材料让我比参加高考的学生早了6个月思索在大学里上什么专业，除了热爱的化学，家里人希望的经济学及商学以外，我填上了哲学的专业。其实我对哲学的了解并不是很多，只是觉得这门学科是能让我作为人继续成长的东西，并且对其比较感兴趣，所以也是我心里的一个希望。

　　我参加了保送生考试，最终通过了。我刚好是在学校的课间休息时间得知结果，这个消息真的令我欣喜若狂。然而我还是决定要参加高考，保送的结果不意味着高中学习的结束，正好我也想试试自己，像从前一样，希望裸分考上北大。

　　事实证明我年少的梦能够实现，虽然提前知道保送的结果，但是得知高考分数达到了北大录取分数线，还是觉得自己有一种小小的圆满。

　　当录取通知书寄达家里的时候，怀着兴奋匆匆揭开那一份快递，我看到了学校的征文启事。在偷懒的泥淖中苦苦挣扎了十多天，长叹一声，我还是决定写点东西，觉得它不光是作为对未来"北大人"的激励，也是对我之前生活的一个回顾与总结。

竞赛也给力

关于中学生竞赛的思考

竞赛作为对全国中学生知识水平的一项考核，有其功利性的一面。然而和我一样，经历过竞赛训练的学生应该都有体会，在竞赛奖励的功利性背后，还应该有两个因素是学生学习竞赛内容的动力：一是体验过程的快乐，二是学习能力的提升。

在中学阶段尤其是高中，我想，心情的愉悦，换一种说法是主观态度的调和，应该是高中学习的前提。没有乐趣、没有动力，在外力（家长、老师及高考）的作用下的学习是低效的，学生本人也会劳累不堪。竞赛的学习也是如此，可能最初接近竞赛的人有一种陌生与本能的不适应，但是在接触了比平时更高一个层次的知识后，人类天性中的好奇心得以激发，从中能够收获纯粹的快乐，追求知识的快乐。并且在"感兴趣"的状态下学习竞赛内容，知识掌握会更灵活，对于中学课内知识的理解也是大有助益。

虽然有很多人竞争名次，但大多数人是没有得到奖项的，竞赛对于他们来说似乎处在了一个尴尬的境地。其实不然，在决心投入竞赛之前，恐怕每个学生都有做好应对"失败"的心理准备。不论获奖与否，认真参与竞赛的同学会在过程中收获学习能力的提升，个中缘由一是接触较高层级的知识获得了对中学学习内容有前瞻性的理解；二是在学习中接收、处理信息的能力会提高，从而形成高效率的学习"本能"。所以竞赛失利的同学根本不能称失败，他们在中学学习中拥有了比其他同学更出色的学习能力。这是参与竞赛的第二个非功利原因，而且我觉得学习能力是比加分和保送资格更宝贵的收获。

有如上"功利"、快乐、提升三点理由，我建议同学们可以尝试接触竞赛内容，找一个自己喜欢的学科去深入探讨和挖掘。

我初三选择竞赛的时候，我毫不犹豫地投身到了化学竞赛的队伍中，当时的想法很简单：感兴趣，补充课内知识，不太累（与物理比较），不用背（与生物比较），不需过人天资（与数学比较）。初上课时，班里坐满了人，老师和蔼地教导着我们。前四节课基本上就把初中化学内容讲完了，我想这是一个至关重要的基础，在我未来的学习中增益很多。化学竞赛如我所想的的确不累，相比于物理竞赛的每周大量的试题和练习，我们只有三个小时的课程和一张往往是在周五晚上赶完的，老师不收不看的卷子。

  时间流逝，竞赛就像我庭院中的一颗树，我既不去过多关心，也从未想过要放弃，我在很长的一段时间里都有着"把竞赛当成是一次游戏，不必太认真的想法"。在匆匆的时光流转中，我与同道参与了北京市高一化学竞赛和高二化学竞赛（越级），当时的成绩整体都不好，相比上一届的辉煌（比如高一时参加高二竞赛获得一等奖若干）实在是有些羞愧。总之，当时的心情很微妙，就是有一股气，觉得为竞赛多做些什么才是正途，觉得自己努力努力就一定能有收获。

  高一结束的暑假，我们的竞赛教练换成了另一位老师，她刚做了母亲，在平日的学习里严谨又充满了母爱，寓活泼于严肃之中。

  依然是每周三个小时的竞赛课程，但是一切都紧张了起来。"你们还有一年整的时间来进行突破"，我们的测试日渐增多了。2011年4月我们又一次参加北京市高二化学竞赛，这一次考得很好，我也从这次竞赛中找到了自信。

  高二下学期，原本的竞赛班同学只剩下21人。每个人都有自己的选择，有的同学觉得训练强度增大后不能很好地照顾课内的学习，又觉得竞赛的出路不明了，就选择了退出。我想这是一种十分明智的选择，每个人都应该找到适合自己发展的方向。而剩下的21人，就是怀着执着与自信继续挑战竞赛过程的人了。

  有扎实的基础，有执着的信念，有正常的发挥，最终我获得了北京赛区的一等奖。

  回顾这一段记忆，我只想说，竞赛可能是我们的兴趣所在，可能成为准备高考的功利性目标，但是在磨炼意志，提升能力的好处是显而易

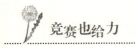

竞赛也给力

见的，所以我建议你们，如果有心力，有心劲，希望提升，竞赛会是一个不错的选择。

说说课内的学习经验

从我经历的高中生活来讲，我觉得在学习上最重要的品质就是踏实，姑且不论天资是否在人与人的比较中有所差别，踏实的态度恐怕是每个人通向自己成功路上的不二法门。踏实的具体表现，其一是上课认真听讲。如果能在上课的时候吸收90%以上的内容，那么在课下的复习时间会大大减少。我在课堂上的学习效率是非常高的，课堂上学到的东西，在课下很少需要进一步巩固。同时，善于记笔记也是认真听讲的一种方法，笔记上面记录每一堂课的重点，甚至是对于老师所讲内容的疑惑，在以后需要复习的时候，结合笔记和记忆，就能达到不错的效果。其二是及时总结。在练习的时候，完成一道题目仅仅是做完了百分之五十的"功课"，还有一部分是思考做错了的题目的错因，改正错误并且把经典的易错的题目积累在错题本上，这样时时拿出来翻一翻，最终的高考就不会犯同样的错误。

对待语文和英语，我想积累一定是最好的手段。积累的工作越早进行越好，在长时间不间断的积累过程中感觉就出来了。

学习经验说的非常简单，因为没有太多普适性的东西，但是我还是想强调我的观点：讲究效率。因为效率高可以在更短时间做比别人更多的事，可以在别人忙于学习的时候有自我掌控的时间适当放松身心。

中学是学生从懵懂走向成熟的一个关键时期，在学习中我们不仅能掌握方法、积累知识，更重要的是身心及为人的修养的培育。所谓教育不是教人如何做题，而是培育"人"，培育其在才学、情操及哲思方面形成基础的人。起码我觉得我是如此幸运，碰见了教书育人的好老师。

我的班主任同时也是英语老师，她总是对我们班同学说：要自信，相信自己一定可以做到，每天起床对自己说"我能行"，就一定能做到最好。也记得竞赛培训的时候，马上要参加竞赛了，我有些怀疑自己的能力，压力很大，就去找竞赛教练谈心，她说了很多很多话，具体内容我记不清了，但是在长达一个多小时的交流过后，我的信心充足了很多。不论是班主任还是竞赛教练，都教导我要自信，我也想送给大家这个观点，自信能使人让自己对待各种事物的态度积极，同时还能感染身边的人积极起来，自信的人从不向困难低头。

关于学习，我认为需要放松和力度。力度是自我掌控的能力，而放松与之相反，在什么时期放松，在什么时期需要力度，应该把握好，简而言之就是收放自如。这里真的又要感谢我的英语老师，曾经的班主任。在高一这一个我对英语仍算是不太纯熟的时期，她教育并督促我们抓紧学习英语的时机，也曾经因为背不出课文泪流满面，也曾经因为考试成绩不理想而郁闷。而当我们进入高二、高三，她就不太管我们了，毕业后问她为什么，她说："你们高一的时候打基础，自然要抓得严一点。等到学习英语的习惯养成了后，我就让你们按自己的思路折腾……"于是我想对学弟学妹说，虽然每个人的情况各有不同，但是在打基础的时候应该要力度，基础由此扎实，包括一种感觉或是学习习惯会得到培养；在基础打牢后，应该放松，在基础上演绎自己独到的学习过程。我的英语老师告诉我应该在何时放松、何时力度，而我的经历也许能够为读者自己把握放松和力度提供一些参考。

结语

高考过后我又去了一趟北大，归来写了一篇游记：

六月的一天下着雨，气温二十多度，淅淅沥沥又沁人心脾。

没有人陪伴，我独自又把雨中的燕园仔仔细细逛了一遍。

来北大的校园也有十数次了,唯独这次没有向导,没有地图,没有企图,就像新生的人,接触伟大的造化。

理科教学楼已去过多次,于是我向着图书馆的方向一头扎入燕园的青翠中。

博雅塔下人博雅,未名湖畔无未明。雨天的"一塔湖图"有种灰色的静谧。乌云在天,和北大古老的建筑一起,有一种别样的威严。尽管来过数次北大,近距离看湖和塔却是第一次,博雅塔就是水塔,确是带上了水的灵气,温柔而朴厚。塔后的幽径,悠悠通向一扇月门,上书"洞"、"天"二字,我却是不明是洞天还是天洞,但不管如何,总是有一种超然之势。洞天中,盘坐的是读书人宁静的回归,天洞里,封藏的是浩渺的精神。

未名湖真的不大,比家乡的鄱阳湖或是太湖小了太多,今天虽然下雨,却不起半点风,未名湖浓绿得像一枚翡翠。静谧的小湖,却在我的心里放大。小小的湖水,承载着北大人庞大的思哲。复前行,石舫上是忙于拍照的毕业生,为古老的校园装点上青春的气息。

光是景色,只能怡人。有人,有历史,有人文,景色变多了些清丽,或者是厚重。

记得余秋雨在《行者无疆》中品评海森堡大学:"这是欧洲最古老的大学之一,没有围墙,因此学生们弥散四周,处处可见,使这座城市又被称为大学之城,青春之城。""一座城市填充了那么多亮丽的生命真是福分,满街的活力使老墙古树全都抖擞起来。"

今日的北大虽然唱着毕业分别的忧歌,也难掩青春在悠久的校园里的盛放。

北大的哲思,我管窥蠡测颇为可笑。北大之精神,需要慢慢细品。

云雨遮蔽日光,让燕园的另一面在我面前展现。虽说少了些许明媚,却更能和我本性中的静共鸣。有浑身复杂的感慨,却难抒。

北大,北大!我对你唯有这四字的呼唤。

就像是初时北大走进我的世界一般,我即将走向北大的世界。这篇文章记叙议论抒情杂糅，实在是为文无序。说是要写给学弟学妹介绍经验，其实真的把重心偏向了自我的总结，万分抱歉。

愿你们能够实现理想。

那时星光

如果有能力在开学初学习不紧张的时候拿出一天,把新学期要学的东西通通看一遍,把不会的和完全没看懂的圈出来,以后在预习的时候重点看,也是非常好的。

姓　　名:王越
录取院系:信息科学技术学院
毕业中学:吉林省吉林市第一中学
获奖情况:全国中学生化学竞赛一等奖(省级赛区)
　　　　　全国中学生物理竞赛二等奖(省级赛区)

多少年,风雨星辰,一路走来;多少年,春秋交替,青春指点。

一路上,从稚嫩到成熟,从小学到高中,年龄增大的同时,知识在积累,经验在丰富,在初等教育的12年里,一路采撷,一路成长,如今站在新的起点,回望那些年,我们的学习生活,有很多想和学弟学妹分享。

下面我想从高考学习、竞赛自招、生活习惯、情感友谊几个方面进行介绍。

高考学习篇

首先,高考学习是大部分高中学生的第一要务,即使是竞赛生,最初也是要准备高考的。从高一开学,这三年基本上都是对高考的一次长时间准备。就像万米长跑,每个人的奔跑风格是不一样的:有的人最初发力,在几个学期之后发现自己学不下去,产生惰性;还有些人在高一、高二没有用功,在高三全力以赴,反败为胜。但是,要想取得好成绩,也像长跑一样,要持之以恒、循序渐进,让自己有休息、有拼搏,在终点前再进行一次冲刺,是最稳健的方法。

在高中,学校的排名往往牵动很多人的心思,月考、期中考试、期末考试,甚至小测验,会让学生或悲或喜。其实,在这些考试上最重要的是看开、看淡。一般来讲,如果平时用功学习,需要掌握的知识点都掌握了,考试不过是对自己水平的一次抽样调查,如果运气不好,出的题不合自己口味,那么,机会来了,我们可以知道平时自己哪个方面的知识点、哪个种类的题型没有掌握好,然后去搜集这方面的知识和好题,趁着考完试大家心情松散的时候,自己把自己的漏洞补上。这就是一次超越。在开学初,大部分人的水平是差不多的,就是这一次一次的超越拉开了同学们知识水平考试水平的差距。反之,假如考试考得好,自然就是值得开心的事情,它反映出之前自己的努力没有白费,付出终有回报,这是一件超级幸福的事情。当然,切莫乐极生悲,骄傲往往会让一个优秀的学生迅速下滑,那么这个时候,就应该给自己安排一个计划学习任务,使自己不会因为情绪过于高涨,而沉不下心情来继续学习。

课堂学习,预习、听课、复习是永恒的三部曲。

现在很多学校有系统组织的预习,这是非常好的事情,不要把这些东西当作学习负担,每天抽出一点时间来,看看自己还没学的新课,是极其有益的事情。当然,如果有能力在开学初学习不紧张的时候拿出一天,把新学期要学的东西通通看一遍,把不会的和完全没看懂的圈出来,以后在预习的时候重点看,也是非常好的。我之前这么做过,收效很大,可以迅速提高知识水平。不过缺点是,这样连续看全新的知识,会导致头痛,估计可能是知识点太多,产生压力过大。打算在高考中进

竞赛也给力

入前列的同学可以试一试。

　　对于听课，上课的时候一般有三种选择，认真听课不记笔记，边记笔记边听课，不听课（因为过度劳累需要休息，或者课堂内容自己都会）。我觉得这三种都是有理由的，根据不同的情况进行不同的选择。首先，认真听课不记笔记。对于理科类，全神贯注地听讲非常有效，可以完全透彻地理解掌握课堂的精髓；另外，如果老师上课讲得神采飞扬的时候，这样也是超好的，可以全盘无遗漏地把握知识点。但是，由于记忆能力，这样听课之后一些细节问题可能容易遗忘。其次，边记笔记边听课。有些老师喜欢学生记笔记，所以会特意给学生留出笔记时间，甚至告诉学生应该记什么。这时候不要手软，通通记下来，当时会觉得有点累，等以后复习的时候，看到这些笔记，你会感谢曾经的自己。再次，不听课。很多好学生确实会有这样的选择，但是，一定要慎重。高三的时候，一些同学会同时准备竞赛、自主招生，甚至会有一些SAT等的考试，这时候压力是非常大的，就会有休息不够，上课完全听不进去的时候，那么一定要在上课前或者下课后，问好老师讲什么，休息好了之后，自己补上落下的课就行了，当然如果有个好同桌帮忙记下笔记，就更完美了。不过睡觉尽量和老师打好招呼，不然是很不礼貌的。还有一种不听课就是，课上要讲的东西自己已经完全学会，不需要听课，听课就是浪费时间的时候，可以选择学习自己需要学习的内容，如自己各科的薄弱环节，需要抓紧准备的考试，或者面试之前进行自我调节等，这些需要自己的灵活把握。总之，遵循的原则是让自己不后悔，这是最重要的。

　　关于复习，每个人有不同的看法。老师们提倡的，往往也不尽相同。我这里说几种方法供大家参考。一是回归课本法。这个方法对于平时把笔记、错题、注意事项都记在书上的同学非常有效，往往可以迅速把握好基础知识和重难点，而且复习所需时间较短，容易有实际效果，对于很会复习和对复习没什么方法的同学很适用。二是笔记通览法。很多女生记的笔记确实是干净利索，重难点极其清楚，甚至排排版可以出本教辅了，有这么好的笔记的同学，要把握好有利条件，对复习绝对是胜券在握。这个方法的问题是，平时整理笔记的过程很痛苦，很费时间，可能会导致睡眠不足，状态低落。三是旧题新做法。这个方法和错题集是异曲同工的，之前练习册上的、错题本上的、各种卷子上做过的、整理出来的好题，在考试前做一做，非常好，因为自己曾经错的题，往往以后见到还会错。四是新题练手法。这个重在找自信，找感觉，适合选择一些较简单，而且典型的例题，一来运用一下知识，二来找到做题的节奏，三来准确率很高增强了考试的自信。

总而言之，高考对于高中而言，是首要的任务，认真学习课内的知识，一定会有所收获，相信自己，就能成功。

竞赛自招篇

下面，竞赛以化学、物理为例，自主招生以清华北大为例。

一般来讲，竞赛保送的风险是极大的，除非自己有着绝对的实力。以化学为例，在吉林省，每年"省一"获奖人数大概为 35 人，而最开始考虑要学竞赛的至少有 1000 多人，到最后有较强实力的人也会有 100 人左右，然后进行"省一"的角逐。拿到"省一"之后，进行省队选拔，一般取每省前 20 名，再次考试，取前几名作为省队成员，可以参加国家级化学竞赛。物理与此类似，先预赛，然后进行省级决赛，省级决赛进入大概前一百名有资格进行实验考试，然后取综合分数排名，得到一等奖名单和省队名单。

以上是概况介绍，下面具体说说怎么准备考试。一般而言，选择竞赛，就会有所放弃，在初期准备阶段，会有很多自习课要去竞赛教室学习，课内是一定会受到一些影响的，作业一般会选择性完成，上课会选择性听课，回家会熬夜看大学教材，做竞赛习题，总会弄到头疼不已。在每年的 5 月左右，会有竞赛生开始不在班级上课，进行正式的竞赛准

竞赛也给力

备阶段,每天基本只看一科竞赛,比如化学,不停翻看无机化学、有机化学、分析化学、结构化学等专项,会有大量的从来没听过的术语,甚至有一些完全看不懂的理论,当然还有一些看答案也不懂的习题,所以心理和身体的压力都是颇大的,因此,很大一部分竞赛生没有坚持到最后。在临考试的大概8月末开始,会有一些竞赛生选择不上学,在家进行知识梳理、习题回顾和心理调整,这个过程十分痛苦。9月初,国家初赛进行。10月份会有"省一"出炉,然后进行省队选拔,然后冬令营……

一般来讲,如果顶得住压力,始终坚持下来,竞赛的回报是十分丰厚的。接下来,在11月份的时候,就会开始有国赛签约和保送考试了,也就是在这之后,竞赛生的身份变成了保送生。总的说,竞赛属于风险和回报都大的路,所以一定要调整好心理状态。

接下来说自主招生考试。开始报名的阶段,常常是全家全校总动员,甚至一个人报了三四个大学的自主招生。但是问题来了,这只是报名,接下来,需要考试,需要面试才能得到加分。且不说这期间路途劳顿和花费精力,如果成功拿到加分,这是很好的,但是一旦拿不到,往往是竹篮打水一场空,甚至拿到加分,结果高考分数相差悬殊,自主招生的效果发挥不了。综上,自主招生也是风险极大的选择。当然,鉴于它门槛不高,容易报名,一般也只会耽误半个月左右(竞赛耽误半年甚至一年),所以对于自主招生不要太盲目,也不要完全不理会。

然后说说自主招生的准备。其实自主招生考试,一大部分是考竞赛中的初级问题,所以落榜的竞赛生们在自主招生上往往很占优势。但是没学竞赛的同学也不用担心,自主招生考试中的基本问题,是完全可以用课内知识解决的,尤其在语文、英语上课内成绩好的同学完全可以战胜竞赛生,从而在总成绩上取得优势。专门准备自主招生考试的收效一般不大,但是,同学们可以去看看容易一些的竞赛书,闲着的时候去听听竞赛课,提高自己的能力,是很棒的选择。即使自主招生考试没用到,在未来高考也会有帮助。

那时星光

总的说，对于自主招生，不要太过于热血，用平常心去准备，去发挥，泰然自若，很可能得到一个对得起自己的结果。

生活习惯篇

课间操和体育课，是高中三年锻炼身体的主要方式，正常的高中生很少能坚持晨练，抑或是其他体育锻炼。身体对一个人是最重要的，要尽量保证高中三年的运动量，保持身体的健康，才能够有精力来努力学习，才有足够好的状态来保障学习效率。所以，高中选择一些自己感兴趣的项目，在时间又允许的情况下，多打打球，跑跑步，才能够在高三末期激烈的时间拉锯战中坚持下来。

早睡早起，是应该提倡的。虽然高中生一般来讲很难保证晚上11点钟前睡觉，但是可以尽可能避免熬夜，这样才能第二天不赖床，不迟到，白天精力充沛。如果能够养成午睡习惯，将能够得到最大效率的休息。休息充分，学习的效率自然就高，良性循环，结果非常好。

在上午下课的时候，以及下午第一节课下课，往往都是一片同学睡觉，10分钟时间，这样做其实休息不好，而且会导致下一堂课打不起精神。这个时候，不妨告诉老师，痛快地睡一节课，休息好了，继续学习。而下课应该做的事情是：重点难点问题的讨论，去洗手间（尽量顺便洗洗脸，可以让再上课的时候特别精神），吃些东西，或者聊聊天放松放松也是一种选择。

在饭点的安排。一般高中生的中午饭和晚饭需要在学校解决，尽量不要选择放弃出去吃饭来学习，我觉得这样不值得，吃面包比较没有营养，长此以往会拖垮身体，得不偿失。或者，可以选择稍稍提高吃饭速度即可，高中的时间没有那么紧张。

在周末的时候，要学会给自己放松，同时也要把握好放松的尺度，劳逸结合。一个周日有运动，有学习，有睡觉，再吃点美食，高中的生

活可以丰富多彩。

在生活习惯上，关键在于对自己的调整，需要休息了，不要硬挺着，该努力学习了，不要懒惰，足矣。

情感友谊篇

1. 友情

学生时代，同学间的情谊是无价的。同桌，室友，饭友，车友等，我们身边的同学，会在困难时互相帮助，会在活动时一同欢乐，这是多少辈子才能修得的缘分。几十年后我们再回忆的时候还会嘴边划过一丝微笑。那么，小摩擦又算得了什么呢？

2. 亲子情

高中的课业分担重，容易紧张、疲惫，家长要比我们承受得更多，他们很不容易，我们应该尽可能体谅家长的难处。唠叨，甚至发怒，父母总是为我们好的。我们有的时候会烦，但是设身处地为他们想想。我觉得，真的应该更懂事一点儿，毕竟这个年龄也应该成熟了。

3. 师生情

老师既是我们的师长，也是我们的朋友。在老师这里，我们一来要学到文化知识，二来要学到一些关于这个社会的东西。我们周围的老师，有一部分是极其值得我们敬佩的，他们起床甚至比我们早，每天熬夜比我们晚。之前有一个报道说，老师这一行业的平均寿命在各个行业中是偏低的，因为当老师太累，太费心。我们对老师要时常怀一份感恩的心，他们是我们人生的引路人。尊敬而又不敬畏，这是最好的师生情。

4. 爱情

把爱情放到最后，是因为我觉得在这方面我们确实应该慎重，高中能做到无悔的爱情非常之少。高中是同学们情窦初开的时候，一些同学会大力说恋爱的百般不好，我觉得，理性地说，这是吃不到葡萄说葡萄酸。不过，真正吃到"葡萄"的同学，会发现，这葡萄确实是酸的。在这个时候，大部分同学还不能负得起应该负的责任，也往往不能够理性选择，从而导致在高三的时候分手成风，严重影响心情，因而，对待爱情一定要慎重。

综上，高中的生活多姿多彩，同时也会十分辛苦，能真正对自己负责，能在多年后回首那时的星光、那时的生活感到无悔才是真正的无悔。

在最后，我希望同学们都能拥有一个无悔的高中三年。

加油！

高中拾零

> 做题究竟做多少合适？我感觉，做一类题，做到这个知识记住了，在题里会用了，就够了。如果有一天忘记了，再做一遍，记起来，也就达到了目的。

姓　　名：戴彤宇
录取院系：物理学院
毕业中学：河北省唐山市第一中学
获奖情况：2011年中学生物理竞赛全国二等奖

怀着激动的心情打开邮包，捧着期盼已久的录取通知书，不禁感慨万千。三年高中生活结束了，我即将成为北大一员。想起我的学习生活即将进入一个新的阶段，要和来自全国的精英一起奋斗，一起竞争，有兴奋，有喜悦，也略有忐忑。回想高中三年的学习生活，有很多话要说。那么，就从竞赛学习开始说起吧。

物理竞赛学习

我是从高中开始接触物理竞赛的，在对物理的深入了解中，一发不可收拾，喜欢上了这门严谨而不失乐趣的学科。物理带着理想中的完美。一颗遥远的星球，用几个简洁的方程描写出它的轨道，这就是梦和现实的连接点。宇宙的最远处和自己手边的小东西,遵循着一样的规则。源于生活,又高于生活。物理就是一门艺术,如同画家,把现实用画笔——物理模型描绘出来;又如同雕塑家,把原始的顽石——复杂的模型精雕细琢,变成带有美感的雕塑。当然,学习不只是欣赏,不只有攻克难题的喜悦,也有与之搏斗时的眉头紧促。但是有乐趣,辛苦也不会显得枯燥乏味。而且乐趣不只存在于物理的完美,还存在于方法的巧妙。找寻一种简单的方法,就像是在寻找深藏地下的宝藏,题目作为唯一的藏宝图,辅之知识和灵感,当发现了方法题目迎刃而解时,那种喜悦也是无可替代的。兴趣就是最好的老师,如果没有兴趣,学习竞赛就是枯燥的,学习本来就很难的东西,没有兴趣激励,注定会失败。

但是只有兴趣,没有方法和勤奋,兴趣也会慢慢消失。兴趣的来源首先是要擅长。竞赛知识往往上课时是不涉及的,竞赛辅导时教练也不会像高中课堂一样掰开了、揉碎了讲,更多的要靠自己领悟。高一时比起学过很多高中物理的同学,我的水平略显落后,自己很着急,以很快的速度自学了很多东西。

自学应该学什么?开始时,我很早地接触很深的东西,当时感觉很好,丰富的基础知识储备也确实给我带来了一些优势。而基础知识的学习比单纯的做题有趣味,也容易一点,导致习题被我忽略。但是知识储备不是全部。常常有学弟学妹问我,某书有用吗?某知识用学吗?大学课程学到哪里比较合适?我总是说不知道,感觉自己开始时跑得太快,知识不牢固,又找不到合适的练习,导致学的很多东西一直没用上,最后都忘记了。实际上,学习的同时还是要做题的。

做题究竟做多少合适?我感觉,做一类题,做到这个知识记住了,在题里会用了,就够了。如果有一天忘记了,再做一遍,记起来,也就达到了目的。有人喜欢一本书、一本书地做,有人喜欢一个章节把所有书都做完,各有各的好处,更多的是一种习惯。做题不是为了赌题,而是为了"赌知识",都做全面了,想掌握的知识都能熟练应用了,足矣。这里又有一个新旧题的问题,有时做了很多题,前面的也会慢慢忘却,知识总不用是会生锈的，所以在做新的题目的同时，也要复习旧的题目和知识。这里又要感谢我的战友，一起学竞赛的同学们，有时发现一道好题，我们会大家传阅；发现原来一道老题很有价值，也会提醒彼此；自己有知识有疑问，有争议，更是会引发所有人的大讨论。在这种有互助、有竞争的环境中，我们的发展要比一个人枯燥地闭门造车快得多。

  具体到物理的题目上，也有些心得和教训。解一道物理题，基本上可以分成两步，列方程和解方程。列方程，是把题中的物理情境用数学语言"讲一遍"，可以说是解题的关键。有些情况，物理模型很有规律，方程可以直接写出；有的情况，方程隐藏在题目之中，或是情境复杂，或是条件隐蔽。认真读题很重要，一遍遍读题，理解了情境，条件就可能自现，复杂的情况也会变得调理清晰。处理情境，最重要的是发现情境的规律。物理本身就是寻找规律的学科，从题目里展现的，也是各种各样的规律。而规律来源于积累，或者说是经验。简单一点的如电磁混合场，看到就会先想起假设速度使力平衡。自然，做题不能想当然，但经验是重要的。也许很死板、很规律的方式不能解决这道题，但是很可能解题的方法来源于这种貌似死板的方法。这种规律来自原始公式，又比原始公式多一点点。曾经有一段时间喜欢把题所有的条件摆出来，列各种各样的方程，感觉这样很简单不用思考，只需要了解公式并套用。但是发现这样的效率太低了，而且没有一个好的思路，也就是所谓的"巧法"，方程会极度难解，甚至答非所问。不可否认，有的时候确实需要这么麻烦，但是更多时候，思路来源于储备。那么储备从哪里来？听课当然是一方面，自己发掘则是更重要的来源。其实，看见一道题，没有已会的方法时，才是真正激动人心的时候。而这时候基本知识就变得格外重要，当分析出这道题是哪方面的时，就要想起所有相关的公式、定理，这样，列出的方程是繁杂的，其中有的方程没有用途，解如此多的方程更可以说是痛苦的，解完后还要对方程进行分析，比如发现这类题列动量方程易解，动力学方程难解，能量方程根本没法解。但是，如果真的能找到一点东西储备起来，这道题不但充满了战胜困难的乐趣，还意义重大。

另一方面是解方程。很惭愧,这一点自己做得并不好。解方程更多地用到数学,而不是物理本身。对数学的把握,一直不知道学多少,学什么,如今回头看,可能微积分是必须要学的,线性代数知道概念足矣,而最关键的,高中数学,我却一直忽略了。在竞赛初赛、复赛乃至决赛阶段,高中数学一直是最主要的,高等数学用到的很少。作为竞赛生,耽误了很多高中应该加强练习的其他学科课程知识,感觉无所谓,殊不知学科间都是相联系的,无论什么考试,自身知识水平素质永远占一定分数。

竞赛的平行线——学习生活

作为竞赛的平行线,平时的学习生活也占据了我生活的很大部分。直到竞赛冲刺阶段,我有时还会离开竞赛自习室,到教室去上一节课,算是对学习节奏的调节,也是希望不要过多掉队。关于平时的学习,我没有太多发言权,但还是有一些小体会。

第一,关于熬夜,这是一个争论已久的问题。有一个同学在高考完开玩笑说,状元的经验就是,要么聪明到九点睡,要么勤奋到半夜三点睡。这从另一个侧面说明了熬夜是因人而异的。有人适合熬夜,很晚睡后第二天依然精神抖擞;有人则不然,十一点睡第二天也会萎靡不振。很不幸,我属于第二种。毫无疑问,延长学习时间对提高学习成绩是有效的,但是在效率相同的情况下。如果降低了效率,则得不偿失。另外,如果想延长学习时间,最好成为一种习惯,不要三天打渔,两天晒网。偶然的熬夜,我感觉对学习无益。保持恒定而且是很高的学习效率,要比刻意拉长学习时间有效得多。

第二,对各科一视同仁。有些同学某科不太好,就放弃这科,导致拉分。有些同学则拼命补习这一科,却"冷落"了别的科目,又使成绩

不理想。扬长和补短的平衡，特别是时间上的平衡，是十分重要的。原来有一位学长，竞赛失利后回去准备高考，由于学过竞赛，对自己擅长的一科便不是很重视，把精力全部用在别的科上，最后别的科发挥很好，原本竞赛那科却成绩不佳，折戟考场。对于擅长的我们往往特别相信自己，从而有了盲点，而对于不擅长的，我们又容易期望过低。考场上的"爆发"是比较少的，正常发挥比较多，平时认为自己就是这样的水平，考试时又怎么去取得一个理想的成绩？不要盲目自信，也不要看轻自己。

第三，时间。时间是一个很大的话题，但只想说说做题时间。"其实题都会，就是没做完。"经常听见这样的抱怨，不只是不熟练，也可能是时间安排不当。平时做不完作业，考试答不完卷，其实都是一个道理（作业太多除外，真的可能做不完）。是不是在一道题上浪费了太多时间？是不是思考时间过长？是不是做题方法过于繁杂？一方面，要学会舍弃，记得时间是有限的。另一方面，平时要记得练习控制时间。比如，一类题考试时用20分钟做完比较合适，那么平时做类似的题目就要用20分钟做完，绝不能拖到半小时。因为半小时做完，也没有了相应的意义。

说了很多具体的方法，其实学习方法只是一部分，特别是别人的学习方法。也曾经逐字逐句地研究前辈们的方法，也曾尝试着去模仿，但是效果并不好。别人的注定不是自己的，只有把那些好的方法转变成自己的才会有效。其实学习里还有很多东西，一个不放弃的理由，三年如一日的努力，优秀的老师和一个学习气氛浓厚的环境，和好的方法同等重要。

平衡高考与竞赛

作为高中生，一个学竞赛的高中生，高考和竞赛的关系是一个无法回避的话题。高中的学习，坦诚地说，是带有功利性的，在功利和兴趣之间选择一个平衡点,对于学竞赛的同学来说是很重要的。然而,平时的学习和竞赛必然有互相的干扰。我在高二时平时课程很紧张,又要学竞赛内容,还想自学一点更深的东西,自己开始忙得不可开交。常常是拿起笔,钻研一道题,不知不觉一个小时的晚自习就过去了。然后突然想起某科的作业还没写,没办法,只能第二天早晨早点起来补作业。有些知识很深,不在竞赛大纲内,老师辅导时自然不涉及,但是自己又感兴趣,花了好多时间自学,占用了别的事的时间。很多原因,不知道算不算自己的时间安排不当,导致了高二时平时考试成绩的下滑。看着同学们一个个脱离竞赛的队伍,有时也会动摇。有时也会想,如果没有取得成绩,再去高考,会不会很吃力。而直到最后考试冲刺前,我还是没有放弃高考。有人说,竞赛生比高考轻松,我不这么认为。竞赛意味着在同样的时间,甚至更短时间内,学比别人多、深的东西。常有人说,我某科不好,学竞赛补一补,我认为这样成效不大。本来学得不好,再学更难的东西,还能保持兴趣的人一定不会多,更多人会丧失积极性,甚至会反感。还有人说,我高考某科不行,去理想的学校无望,学竞赛取代高考,也许这样的情况很多,也有很多人成功了,但这样其实压力会很大。这样一个难度比高考更大的考试,给自己太大的压力是不适宜的。也许我在一开始就选择完全放弃平时课程的学习,可能竞赛成绩会更好,也可能会一败涂地。对我来说,竞赛不只是除了高考外的升学方式,也是满足兴趣、追求理想、实现价值的途径。其实高考也是一样。当竞赛的一切尘埃落定后,回头看看,自己还是错过了很多东西,其实这也算是一种略无奈的选择吧。但选择了,就不后悔。

快乐的高中生活

高中的学习是忙碌的,也是充实的,更是快乐的。我发现,高中学习的知识也能改变我们很多,不只是考试。看电视历史剧时,有时会惊奇地发现:呀,这段历史我们讲过;听新闻时,有时感觉广播的政策似曾相识，不觉一笑，我们政治课学过；有时看着食品包装袋上形形色色的添加剂，会翻到化学书某页，寻找相关的化学方程式……总有人批评，高中乃至大学学的东西，特别是非专业课的内容，一生也用不到。的确，我们可能不会去列圆锥曲线方程，但是某天要画椭圆时，我们会想起固定两个点，中间拉一条线；我们可能不会去默写大段大段的古文，但写文章时突然想起的那一句可能成为画龙点睛之笔。常识是重要的。也许，这才是我们学习这么多科的目的吧。在工作岗位上，总有更多的专业人才去解决相应的问题，而以后人们的工作也会更加专业化，但学生时代的学习带来的这种常识，永远是我们生活不可或缺的一部分。已经说过，我们自身知识水平素质永远占一定分数，其实不只是考试，而是整个人生。

  高中生活又不只是知识。我们曾经在黑板上写下一道不会的题，大家都懒洋洋地不去做，下午买来一盒泡面放在下面当"悬赏"，一大会的人兴冲冲地冲到前面，最快写完的人把悬赏抢走；轮到办黑板报时，写下几个罕见的公式，第二天美滋滋地到教室，发现公式里一个小小的错误被好大的红叉遮住；前黑板上的倒计时日期，每天都在更新，却不知道是谁，但无论谁不在，却都有人去做；晚自习下课的操场上，总会有一批奔跑着的学子或三五并排，或几人列队，却少见独孤影只。挫折后，总有伸出的手；前进时，总有鼓励的笑。大家的友谊就在忙碌中成长着。漫漫学路，感谢你们的陪伴。高中的友谊，是我在获得知识的同时最大的收获。又记得当时刚开学，田老师对我的鼓励，鼓励我自己去探索，去发现；记得她中途时对我学习方向的引导，安排好知识和题目的比例；更难忘临考前用几天时间对我们所有人的谈心、嘱托，以及那封热情洋溢的"致物理竞赛组的一封信"，那些文字给了我们莫大的自信和勇气。

  回想高中生活的点点滴滴，还有好多难忘的有意义的事。高中不是我的前进终点，大学也不会是。它们都只是我的进步中的一个个足印。即将进入大学生活，我会继续努力，飞向更广阔的天空。

保送——竞赛的副产品

何谓有针对性？就是要根据自己的情况，在一段时间内，找到一个自己最需要学习和钻研的地方，并集中火力拿下，而不是泛泛而学，左翻翻右看看。

姓　　名：陈力涵
录取院系：信息科学学院
毕业中学：湖南省长郡中学
获奖情况：2012年全国高中生化学奥赛省级赛区一等奖

我是一名北大保送生，这是一个我引以为自豪的称号。我日夜向往着燕园，期盼着能在未名湖畔抒写自己青春中壮丽的一笔。现在，我的梦想终于实现，而竞赛铺就了我圆梦的通途。两年多的竞赛路，让我对它产生了割舍不断的情感，因此我思考，我在竞赛中到底收获了什么。是知识吗？是保送资格吗？还是在这之上的，一种更为持久而珍贵的财富？在这里，我想就竞赛谈谈我的看法，并介绍我在奋斗过程中摸索出的独到经验和方法，愿与各位学弟学妹分享。

竞赛是一门艺术

竞赛立足于广泛的学习、丰富的知识之上，却又高于对课内知识的

竞赛也给力

学习和掌握，它要求高中生在有限时间内掌握大量有一定深度的课外知识，并充分运用它们来解决实际问题。这与高中学习有显著不同。粗略比较，湖南省高中化学课内容只涉及两本必修、三本选修的书的内容，每本书知识密集度低，难度较小；而为获得省级一等奖所需学习的竞赛书目，包含无机化学、有机化学和结构化学，以及少量分析化学内容，算上不同版本，有十来本，且都厚达数百页，知识密集，难度大。可惜的是，竞赛的这一特点被很多专家们批评反对，认为竞赛揠苗助长，会影响正常学习，导致学生偏科。然而，这种理论显然忽略了竞赛的第二个，也是更加重要的特点，那就是它的学习模式，或者说方法。

只有参加过竞赛的学生才知道，竞赛生与高考生的学习模式是迥然不同的。就拿湖南地区来说，开展了一定规模竞赛学习的学校，都有类似的模式。学校会将参加不同学科竞赛的学生分组，并分别设立培训室及附属的实验室等。各组学生分开学习，并贯彻"自学为主，讨论为辅"的理念。竞赛教练在整个竞赛过程中，只起到入门及后续学习中做选手的心理辅导、查找资料、邀请教授讲课等工作，事实上对学习内容的指导少之又少。面对庞大的书目，学生要做的就是看书、做题，遇到不懂的与同学进行讨论，只有极少数疑难问题才会请教大学教授。至于考试，大多都是学生自主评卷（交叉或轮流），斟酌参考答案，讨论存在的错误，最后得出最终结论，当然试卷讲评也是派代表上讲台，老师只是负责组卷和参与少量讨论。整个学习过程基本由学生完成。

竞赛考试的模式，与高考也不一样。虽然都以考试的形式进行，但对于命题人所给的答案，学生可以勇于质疑，提出自己的意见。这一点最好的见证就是竞赛的"协调评分"环节。在正式竞赛中，成绩靠前的学生有权利获得自己答卷的复印件，浏览评卷人的评分及参考答案。如果学生对参考答案或评分有异议，可以提出自己的观点，援引证据说明自己答案的正确性，经批准后可以将分数加回。

这两点充分说明竞赛的高度自主性。学习靠自己、检测靠自己、比赛也要靠自己。在这一点上它与针对高考的学习有很大差异。高考生基

保送——竞赛的副产品

本按照老师的思路学习，考题也几乎是标准答案一刀切。我能理解这种做法，因为高考的覆盖面广，为了保证秩序和效率，不得不采用相对保守的模式。但我认为，竞赛的突出优点即体现在此。

第一，这种高度的自主性，能够很好地锻炼学生的能力，培养学生的自主意识，这一点对于学生今后的发展尤为重要。我作为一名准大学生，虽然未真正体验过大学的生活，但我已经有一个学习方式的大致定位——我提出大学学习模式可能与竞赛相似，课程时间安排自由、自学所占比重大，更重要的一点是，对学生自主能力要求特别高。所以在进入大学后，我也将运用在竞赛中获得的经验，发挥自主学习能力。不仅如此，以后走入社会，作为一个有担当的人，心中有主见，能够协调自己各方面的平衡，也是极其重要的。在下文中，我还会着重提到这一点。

第二，竞赛的模式能卓有成效地提高学生的发散思维，培养创新意识。就拿化学竞赛来说，虽然知识面广，要掌握的概念、理论很多，但竞赛的出题绝对不会以考查学生背记能力为目的，相反非常灵活而创新。比如结构化学推断题，学生必须根据少量的条件，充分调动自己的思维，设计出一个合理的结构，并运用理论加以检验。如果不可行，则必须再次思考。它不像高中的推断，绝大部分有用于突破的"题眼"，或者像有机化学题那样可以按部就班地推断出来，它的结构具有思维上的跳跃性。也就是说，思考到某一步后，没有往下一步走的线索，必须要发散性地走几步，才能到达下一个点。这种感觉就像摘苹果，好不容易走到苹果树前，必须要跳起来一下，才能取得美味果实。这是竞赛中一种很奇妙的感觉，而在这种思维训练中，学生的思路就被打开了，看问题的角度也就全面而开阔了。创新意识在科技日新月异的今天显得尤为关键，只能实现了科技创新，科学才能发展与进步，经过竞赛训练的学生，在这一方面具有独特优势。

第三，竞赛的专业性和高中知识的全面性有机结合，能够为有志于科学事业的学生提供更高的平台。高中的知识为学生提供了一个了解各

科目知识的机会,培养了学生的综合素养。然而,我们也应该认识到,高中知识与科学研究还有很大差距。这一点十分自然,因为将来从事科研的学生只是很少的一部分,但对于这一少部分学生,我想竞赛就是一个让他们提前接触更深入全面的科学理论、培养规范标准的科学素养、树立积极正确的科学精神的绝好机会。在我身边,绝大部分竞赛生,不仅可以学好高中知识,尤其是语文、英语甚至历史、地理、政治这些人文学科的知识,在竞赛上也能有所建树。这样,他们走入大学后,必定是具有全面而广泛知识基础,同时又具有精良专业素质的优秀学生,这将为以后深入科研奠定坚实基础。

这样看来,竞赛绝不仅仅是一个取得高考加分、保送优惠的垫脚石,考取好大学的跳板,它能够从各方面培养学生的素质、锤炼学生的意志,为今后的学习工作创造更多机会。就我而言,保送仅仅是竞赛的副产品,只有在竞赛中树立的学习方法、学习精神,才是使我终身受益的宝贵财富。

找到适合自己的学习方法

俗话说,一个好汉三个帮。学习方法就是学生在学习过程中,最重要的帮手。找到了适合自己的学习方法,对于勤奋努力的学生,无异于如虎添翼。接下来,我将结合自己的真实经历谈谈我认为对于广大同学行之有效的方法。当然,要注意的是,漂亮的鞋不一定合脚,别人的好方法也不一定适合你,学弟学妹们应该根据自己的情况进行调整,找到最适合自己的方法,这才是最有效的。

首先,我要说的是与我上文谈及的自主性紧密相连的一个指导思想,那就是有针对性的学习。何谓有针对性?就是要根据自己的情况,在一段时间内,找到一个自己最需要学习和钻研的地方,并集中火力拿下,而不是泛泛而学,左翻翻右看看。简而言,之即"集中火力,各个

保送——竞赛的副产品

击破"。而我的经历，或许可以引以为鉴。

我是一名化学竞赛生，对化学的喜欢从小学就开始了，我喜欢各种各样的神奇的药品、有趣的实验。我选择化学竞赛，也就是凭着一股对化学的兴趣。可是我在化学竞赛的过程中逐渐认识到，我对化学的感性的热爱，难以上升到一种理性的追求，我在将来可能并不适合走上化学这条道路。而我在2010年年底，也就是高二上期就了解到，如果进入化学竞赛省队，获得国家一等奖之后直接保送，将只能选择与化学相关的专业——我并不希望这样。但是如果获得省级一等奖，然后参加保送生考试（保送生考试内容包括语数外物化）通过并保送，只要分数够高，专业上几乎没有限制。这是很矛盾的选择。如果要选择后一条路，学科必须够好，可是生物组5月就回到班上，信息组甚至有高二就拿"省一"回到班上的，而我们要9月。保送生考试在12月举行，我们比他们要少好几个月的时间准备学科学习，而且他们中也不乏学科很厉害的人。如果竞赛上要反其道而行之，在高二这一竞赛任务极其繁重的阶段抽出时间准备学科学习，那又要担心"省一"的安全——要是拿不到"省一"，根本没资格参加保送生考试。在这两难抉择中，我和教练及班主任谈了很久，最终，他们同意了我的看法，让我一边强化竞赛、一边准备学科学习。同时，通过平常竞赛测试的成绩来把握学科和竞赛这杆微妙的秤，哪边轻了，就在哪边加码。就这样，在其余竞赛生全心投入竞赛的几个月里，我却反过来抽时间放在学科学习上。当然，时间需要把握，竞赛学科八二分，最多七三分，内容也只选最重要的部分。事实上，我把学科学习当作对竞赛的放松，学一整天化学之后累了，就来学习数学和物理，也算是另一种意义上的"劳逸结合"。在这与众不同的几个月中，我把高中理数全部巩固加深了一遍，从头至尾做完了一本"五·三"，还认真研究龙门专题的书目，物理也完成过半。九月考试铃敲响，我如愿以偿地拿到了省级一等奖，并且立马回到班上投入学科学习，准备三个月后的保送生考试。令我高兴的是，正因为我在学科上学习的努力，15天之后的第二次月考中，我就取得了年级第八名的成绩。

竞赛也给力

对于一个将近半年没有坐在教室听课的学生，这是很不错的成绩。而且我发现，我的数学比很多非竞赛生都还好，想起高一我的数学并不很好，那一刻，我真的觉得很欣慰，也觉得很自豪。12月的北大保送生考试，我以湖南省第二的成绩顺利被保送到北大，进入了我理想的院系。

当然，化学组的其他同学，也获得了很好的成绩。一直以进省队为目标的同学，几乎也都达成心愿，被保送到北大，而在我的带动下一起搞学科学习的同学，也没有一个与"省一"失之交臂。现在10名组员中，有8名被保送到清华北大，为所有竞赛组中比例最高。我和教练打趣地说，化学组"各司其职、各得其所"，真是皆大欢喜。

我把自己所有的成绩归结于我自主而有针对性的计划。通过分析自身实际情况，我选择了一条与大多数人不同的路。倘若我跟随大流，缺乏主见，或许我无法取得我想要的结果。仔细说来，我当时特别加强了数学不等式章节的学习，一是因为不等式运用很广，很多不同类型的数学问题都需要用到不等式；二是我这块本来就比较弱。这一个小读本就花了我将近两个月的时间，可谓代价惨重。可是收获却令我惊讶，一个小小的不等式，竟然让我触类旁通，数学整体水平大大提高，超越了很多一直在准备高考的同学。这些都是针对性学习的结果，我们必须明白，人的精力总是有限的，要想比别人取得更多的成绩，就必须把力量用在刀刃上，在最需要的地方狠下工夫。

为什么我说针对性与自主性紧密相连呢？这是因为，老师的思路总是要照顾大多数学生，要想出奇制胜，就必须要全面分析自己的情况，制订自己的计划，这是自主能力的体现。有机会参加竞赛的学生，一定要有意识地培养自己的自主能力。要提醒大家的是，你的计划或许会因与众不同而遭到老师的反对，这时切不可一意孤行，你应该听取老师的意见，并诚恳地将自己的想法告诉老师，然后一起讨论，确定最终的方案。记住，自主不等于自负。

除此之外，归纳总结也是一个重要的学习方法。学习了一段时间，

保送——竞赛的副产品

就像往你的行囊里装满了果实，而归纳总结则相当于系紧袋口。如果没有系紧袋口，随着你继续前行，果实终会掉落在路途中不见踪迹。为了有效总结，我的办法是使用错题本和笔记本，这可是我的"上古神器"。可是为了让它们"神"起来，可不是随便抄两个错题、写两个公式那么简单。我的笔记本专门用来记录研究例题时发现的方法和感悟。比如"五·三"上有一大块专门介绍解题方法，我就会仔仔细细地把它的例题看一遍，疑惑之处自己演算一遍，然后把其中的精华，也就是提炼而得的方法，记录在笔记本上。而错题本，则是从练习题这片沙海中淘金的宝物。对于一道题，错了，要研究答案，看看错在哪里，如果是方法不对，则应总结出方法并记下；如果是粗心错误，那么就要想想这是否是个普遍的陷阱，下次是否可能再犯，并酌情记录，绝不能打个勾叉写个日期就再不回头看一眼做过的题。做题最忌只论数量不论质量，如果一套题中你能收获很多，其实不需要使用题海战术，也能取得很好的效果。随着你的本子越积越厚，你的水平也就越来越高。等到记完了一两本，回头一翻，那确实是如数家珍，做起题来也一定是胸有成竹、得心应手，学习成绩自然也就突飞猛进。

总的来说，勤奋与努力是发动机，方法与技巧是助推器，竞赛则是造就这架学海巨舰的良工巧匠。在写下这些文字的同时，我一边回顾着高中三年我跋涉过的征途，非常感慨。三年的磨练，使我脱去了青涩与懵懂的外壳，让我的身心各方面愈渐成熟。

学弟学妹们，学习是快乐而富有激情的过程，是美好而充满收获的过程，我真心希望你们能从我的经历中有所借鉴，靠自己的努力奋斗，实现自己远大的梦想！

时空朗阔，回响铮铮

> 高考前十天，我们自主复习了。我仔细审度，完全放弃了语文、英语、物理这三科的复习。对于化学、生物，决定抽一点儿时间看看教材就可以了。剩下的时间，全部复习数学。借了笔记，把高中数学过滤一遍。

姓　　名：向林
录取院系：城市与环境学院
毕业中学：重庆市第八中学
获奖情况：华夏杯全国书画写作大赛一等奖
　　　　　中学生英语能力竞赛一等奖
　　　　　全国中学生物理竞赛二等奖
　　　　　全国中学生信息学奥赛三等奖

信念

我从没有怀疑过自己会到北大读书。

这便是信念吧。无论怎样的风雨飘摇，也不曾雨打风吹去，明明暗暗却总在发光，这才叫作信念。

不灭的火照着墨色的路，未尝入歧途。但天光破晓时翘首回望，目眦欲裂也看不清来处。遂用一声长叹，收束思绪万千：一路走来，到底晦暗!

6月23日,查到了分数,洞天石扉,訇然中开。一边感谢上苍的恩赐,一边庆幸预留的伏笔。

当被问起所谓的经验方法,还是不免一时错愕,搜尽枯肠,也只得到了"信念"二字。不是苦心孤诣,休提杏林开坛。我所有的,不过是年少轻狂,鲜衣怒马罢了,不过是浮生执念,不死不休罢了。

然而鱼跃龙门,一鼓作气,需要多少文武韬略呢?一个单纯的愿望,足矣。

竞赛学习

独立残阳。暂时可以悠然地想起"苍苍竹林寺,杳杳钟声晚"的境界了;也不免想起今日的"云淡风轻下,蕴藏着昔日"的波澜壮阔;又听到信念的大杵撞击时空的铮铮回声了。

"时空朗阔,回响铮铮"的标题高一就已经写好,只待"一日看尽长安花",便好挥毫而就,酣畅淋漓。马蹄溅起,花雨未着地;酒香熏染,豪气正凌云。

那个时候是太过自信了,觉得一门心思扑在书本知识上是不够的。高一报到那天晚上的自我介绍后,我当了班长——得到优先发展考试以外的能力。学校给高一年级安排了许多活动,心下暗喜。学业被冷落了,不时在年级排名的时候发出抗议,我都毫不犹豫地"镇压了"。反正最后考上北大就行了,一时的落后不值得恐慌。

时不时比对北大的门槛高度和自己的弹跳力,成绩差强人意,也就觉得还真没到潜心治学的时候。

秋风送来温润的桂花香时,还掀起了学竞赛的疯狂浪潮。信息竞赛一马当先,夜郎自大,我估摸自己还算学有余力,闲着也是闲着,就去学了几天。后来听说清华和北大对数学、物理两门竞赛的认可度最高,立刻见异思迁。一开始本想抛硬币决定学数学还是物理的,因为无论哪

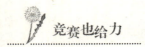

竞赛也给力

一门都可以用高强度的理科思维训练弥补我理科不如文科的弱点。后来想起自己考场上时间不够时那兵荒马乱的场景，又想到高二开始就会有理综（当时默认学理科），答题卷上那假想的大片空白上有我的冷汗淙淙，于是学了物理。呵，当时还在幻想，要是我物理竞赛保送了只能学物理专业的话，我一定要放弃保送！真是不知天高地厚以及海深。

奔波于各种活动、常规学习、竞赛学习之中，常有分身无术的憾恨，却还没到三马分尸的时候，牵牵扯扯，高一也就过了。

暑假还在学校里学物理竞赛。虽然在最初报名的三百多人里面属于坚持到最后的三十多人之一，不过我的竞赛成绩也差不多是垫底的了。每一次测试都有想死的感觉——一个习惯了优秀的人怎么能受到倒数几名的侮辱！不过为了文理均衡的目的，我选择忍了，以便换来系统的物理竞赛知识和理科思维训练。

对物理竞赛的最终结果我没有强烈的欲望，也难免会松松垮垮的。那个中午，迷迷糊糊醒来，14：30，嗯，对的，上课时间到了。立刻翻身下床，穿了鞋子，一路狂奔出寝室。穿过操场时，阳光灿烂，热浪灼身，仿佛无数根烧红的小针从每一个毛孔扎进身体里。我忽然觉得，也许自己心比天高了，又要涉猎广泛，又要登临绝顶。不过这样的念头转瞬即逝，因为我已经习惯性地想着自己跨入北大校门的情景，那一刻无论是否到来，我选择了的道路不能变更，所以一定走得悲壮。那一刻我一定会回顾走过的路……于是脑海中浮现出八个大字：时空朗阔，回响铮铮。

我不喜欢太直白的口号，但有句口号壮壮士气也好。这八个字就是我的口号吧。

最热的暑假

高二文理分科。很明显，人文气息相比于理性光辉有压倒性的优势，想考北大或许文科是条相对轻松的路。心傲云天，完美主义，对扬

时空朗阔，回响铮铮

长避短的训诫我不以为然。没有过多犹豫，我选了理科。班主任是化学老师，怕我选了文科以后生产"杯具"，就找我谈话，没有多费口舌。

选择之后我才有一点儿心有虚，如果没考上，那就"葬送"一辈子。可是，那又怎样？畏首畏尾就不要出来"混"！悖逆自己的内心作出的选择，再风光的结果也一文不值。

分科时我们班有较大剂量地调整，于是重新选举班干部。情绪低落时，看什么都是灰色的，甚至觉得北大的门槛前所未有的高。选班长的时候，我没有走上讲台发表演讲。心烦意躁，可是那么多人齐声高呼我的名字，我只好表情木然地走上讲台，在大家的欢呼声中泼一盆冷水，告诉他们我不参加竞选，继而在众目睽睽下悄无声息地回到了自己的座位。知道愧对大家，暗下决心就此收拾悲伤，全力赶路。可是每次年级排名时我遭到的抗议也没怎么减少。同样没有减少的，是我花在班级年级各种活动上的时间。这是习惯了，有什么事情，老师和同学容易想到我，这虽然说明我过去一年的班长生涯是成功的，却也违背了我不参加竞选"撒手人寰，绝尘而去"的初衷。

日复一日，戎马倥偬，消弭过往。希望的甘霖重新灌注空涸的杯，漫过干涸的田，恢复生机。高二下学期的时候，我重新成为了班长。因为那个春天，我注意到时间的匆忙。

操场边那一大排上了年纪的黄桷树在初春摇落了经冬的叶。那些原本郁郁苍苍的绿叶几天之内变黄发黑。老树在春寒中咳嗽几声，它们就在那颤抖中落叶归根。一场细雨，一场新绿。枯木上密密麻麻的新芽嫩得滴水。不过一周的时间，那么大一排春树，那么大一片绿色，就迅速苍老了，恢复了饱经沧桑的深深的翠绿色，继而蒙尘。我每天都会观察那树叶的大小和颜色，还是止不住啧啧感叹。在生老病死的规律面前，万物都是平等的。也许转瞬之间，命运的岔路口就赫然出现在我的面前。或许，我已经没有那么多时间来风花雪月、伤春悲秋了。

果然，几个仓促的转身，高二暑假就来了。那一年，一定是我经历过的最热的暑假，我们的竞赛学习白热化了，开学就将是联赛。

竞赛也给力

头昏脑胀的时候，我会去小花园里。还有灿烂的夏花，夕阳余晖渐褪，佳木郁郁葱葱，水声灵动，四下无人，是游园的好时候。小池塘的假山下两朵白花忽然攫住了我漂泊的目光——睡莲！水面上并不茂盛的荷叶有不少已经被晒得气血全无，那两朵小花却依旧开得妖娆恣肆。以前从来不知道学校的池塘里还有睡莲呢。它们暑假将尽才开放，难怪以往都无法看到。可是一睹芳容的代价太大了，我们忍受了两个月的酷暑、餐馆里拙劣的饭菜和其他同学逍遥自在的诱惑。我不得不用那铮铮回响的钟声来安慰自己：今天能看到别人无法看到的纯白莲花，明天也一定能登上别人无法登上的人生舞台！

信念不死，力量不竭。

自主招生考试

高三对于我们来说不是把高考知识翻来覆去"炒回锅肉"。开学，各科竞赛，如火如荼。

我知道自己的斤两，竞赛这条道，死路一条。但是我觉得我的竞赛知识的基本体系还没有完成，心有不甘。当时老师不赞成停课准备竞赛，我写了满满两页的申请书给我们的竞赛总负责人，也是教务处主任梅老师。得到批准，停课一周。一共有两个人被允许停课一周。那一周，早起晚睡，天天在图书馆，狂啃自己的竞赛资料。强迫症也好，不理智也罢，我是舍弃了一部分高考学习时间来学竞赛的，不能无功而返。老师说停课耽误高考主线学习，高三的我可以理解，不过腾出一个星期做别的都不行，只读经书，进了北大也枉然。

九月底，竞赛一节，尘埃落定。二等奖对于一个学了两年竞赛的人来说，就是没有奖。那么保送生考试也必然与我没有瓜葛了。预料之中的事情，接受审判时还是落寞不已。有同学保送北大，有很多同学有了保送资格。而我，有一地狼藉。

高三没有传说中那么恐怖，但也没有给失败的人喘息的机会。时空里的钟声浑厚，久久回荡不已。立即翻身上马，前路依旧漫漫。

自主招生培训开始得很快，清华北大我校一共有十三个校荐名额，我的综合排名十四。念完校荐名单，我有十分钟，眼睛都没有眨一下。班主任叫我出去，阳台上，秋夜凉。"学校会给你争取自荐。选吧，清华还是北大。"我觉得屈辱，就像是乞丐一样被施舍。最终作为参加"北约"考试的一员参加培训。培训很认真，高考内容却也越来越紧。

圣诞节那个星期，忽然就不用培训了。原来，保送生考试来了。学习变轻松了一点，心却变沉重了许多。我怎么到了这样一个落魄的地步！连参加考试的资格都没有。于是，天很快就变得寒冷。

寒假来了。冷风拂面几进退，可抵浮生又一年。我觉得今年的北风特别扎人，遂如是低吟。学校里空旷而寂寥。只有一个教室，我们紧锣密鼓，厉兵秣马。培训内容庞杂而艰深。无数的培训资料，模拟试题，片片翻作雪，飘扬在教室里。室内飘雪，室外苦寒。也许那一大片腊梅也忍不住给我们摇旗呐喊吧，开得出奇地明艳。"华约"和"北约"的资料有时候是不一样的，同学或者老师分发的时候，会说："清华（或者北大）的同学举手。"抬起深埋的头，似乎在想我是不是需要举手，仿佛我们一个个已经是清华或者北大的学生了。食堂里总是只有几个人，与平日的熙熙攘攘反差很大，一个个手不释卷，都是四级六级"红宝书""绿宝书"，吃饭时就放到背后棉衣的帽子里，吃完再拿出来，边走边读。一大早，口里吞吐一团团云雾，坐在教室里背四级六级词汇，不一会儿，一屋子的人都背得脸颊绯红。战鼓隆隆，热血沸腾；钟声犹在，岁月峥嵘。

2月10日晚，考场外的宾馆里，睡得不好。第二天的自主招生考试，我的强项英语有很多题目没有做。又过几日，我知道自己没有通过。通过的人比去年少很多。不过大家都争先恐后去查看自己的分数，有兴高采烈去的，有心下不甘去的，去看看自己比分数线高了或低了多少。我没有去。没通过就是没通过，差一分与差一百分，没有什么区别。我至今不知道自己自主招生考试考了多少分。我只知道，自那以

时空朗阔，回响铮铮

后，我只有一次机会进北大了。

脑海里的钟声，不绝于耳。

高考

如今回想起来，整个高中，倒是只有自主招生考试以后，我才真正心无旁骛地学习过。我相信自己之前所做的一切都没有白费，我有能力，在四个月里，一飞冲天。之前我是不怎么刷题的，因为认为那是急功近利的做法。可是那个时候的我，不得不学会急功近利了。正如谈判桌上的讨价还价，需要边境上的军事压迫支撑一样。再强大的信念，也需要行动的支撑。

我不再趴在被窝里用手机上网了。不再觉得机械式的做题有什么不妥了。不再一边走路一边看风景了。吃饭时还是播放音乐，放的不是歌曲，是听力。其实我早就觉得要成绩好，这样做最好，只不过曾经觉得我用不着。但独木桥就在眼前的时候，我没有选择的余地。

高考前十天，我们自主复习了。我仔细审度，完全放弃了语文、英语、物理这三科的复习。对于化学、生物，决定抽一点儿时间看看教材就可以了。剩下的时间，全部复习数学。借了笔记，把高中数学过滤一遍。

高考。钟声未歇。

语文考完了。八百字的作文我写了七百多一点。我回去仔细比对了高考作文的评分细则，下了结论：大势已去。班主任说过："作文没写完是非常糟糕的，四类文。"坐在教室里，我有十分钟，眼睛都没有眨一下。午饭，我全部塞进嘴里了。但午觉实在没有睡着。后面几科，抱着放手一搏力挽狂澜的心态考完了。我想起自主招生考试时自己的"死状"，知道必须毫无闪失才能如愿，可是这次这个闪失……

结束与开始

看到分数的时候,语文,132 分。母亲哭了,我没有哭,也没有笑。

正如我多年前的想象,依次接到了北京大学和清华大学招生老师的电话。然而,我没有想到的是,独自安静地回味"时空朗阔,回响铮铮"这八个字及其相关的人事,却已经是大学开学前夕了。那种一瞬间里掠过几多浮沉的感觉没有如约出现,剩下的,只是空茫。有人说,看到"北大"两个字,便知道前途光明了。可是,为什么我没有喜极而泣?

道阻且长,我游历四方后才回到正轨,见识了天空的清朗和大地的开阔。信念铿锵,在一次次马失前蹄后激越鸣响,如金铁交击,经久不绝,在岁月里有铮铮的回响。

如今思量,不喜不悲。所行所为,亦非懊悔。

转眼之间,青春散场。哪些人荣归故里?哪些人自刎乌江?哪些人锦衣夜行?哪些人黯然离场?

值得庆贺的,索然无味了;需要安慰的,无力回天了。

可是竟然还有那么多的事情要应付,无论是你欢喜的,还是不情愿的,都必须去做。人依旧被驱策着,与时间一同,滚滚向前,容不下过多的回首凝望。几场奔波几杯酒,逐渐意识到,走出高中,似乎我什么都不会。

一切才刚刚开始,却没什么好怕的。

狭路相逢勇者胜

数学考的绝对不是难题,最后一题的压轴有时只有区区4分,不做又怎么样呢?还有146分啊,前面错一个选择或填空,解析几何和函数的压轴部分都不做,也还有130这样的高分。所以,我把数学考试看作两部分——130+20。

姓　　名:邢天成
录取院系:数学科学学院
毕业中学:浙江师范大学附属中学(金华二中)
获奖情况:浙江省数学联合竞赛一等奖
　　　　　浙江省物理联合竞赛二等奖
　　　　　全国中学生英语能力竞赛浙江省二等奖

成绩公布后,我心里很是平静,兴奋到了极致果真就是平静。祝贺潮水般地涌来,可现在却一句也记不得了,只有几句长辈的教导,现在还在耳畔:到了大学可不能懈怠啊。没错,博雅塔,这只是一个新征程的开始。高中三年感触良多,但真的要为它写点什么时,记忆的碎片却如潮水般涌上来,一时不知道从何落笔了。

❀ 话说基础

小学时的我除了数学,其他科一塌糊涂。数学上做了不知多少的速算和竞赛题打下了扎实的功底。全校的速算比赛，我算完五列时第二名只算好了一列，好的基础也帮助我在高考时减少运算时间和失误。而对于语文，由于不认真听课以致到现在说话还有时会咬字不清，像 r 和 l 不分，"若澜"两个字我读不准，平舌音、翘舌音、前鼻音、后鼻音也分不清，写的字像狗爬一样。英语课也不听，英语结业考时交上去的卷子被退了下来，因为没写班级姓名，但我直勾勾地看着 class 和 name 却怎么也弄不清这是什么意思。

初中的时候我意识到了竞争的激烈，也慢慢发现小学时的短板拖了其他成绩的后腿，于是开始努力。当时，一个劲地背英语书，或许是量变没有引起质变吧，英语水平依旧一般。做起事来却依旧是毛毛糙糙，有了分数却没有能力，最终在中考时败下阵来。赫伯特说过："对于盲目的船而言，所有的方向都是逆风。"有了动力却没有方向，挫败感让我意识到方法的重要性。

我所考到的高中实力一般，每隔几年才会有一位同学考上北大，2009 年有一位考入北大的学姐，她的喜报现在还贴在学校的宣传栏上，对于我们而言，"北大"二字飘渺而不实际。所以只是专注于脚下。其实，只要专注踏实地走下去，不知不觉，我们就会走得比预想的还要远。俞敏洪只是想走出大山却创建了"新东方"，我也只是埋头想着怎么再提高自己然后考上了北大。对于基础，我想，可以把它大致分成两种，一个是知识上的积累，还有一个就是能力上的培养。现在，中小学的各种竞赛，若是有兴趣，就能锻炼出灵敏的思维，敢于挑战的勇气；但若没有兴趣，一切都是无济于事。特别是英语，其实高三生的英语也只是 native speaker 的小学初中水平，高考后我着手背 TOEFL 词汇，发现以前学的还真是小儿科。小时候多学几个单词，平时又不用，实在是浪费。高考也就三千的词汇量，真的想背，一天背一两百个都不是问题，若学了不用，根本没有学的必要。

竞赛也给力

❀ 说说我的奋斗之路

我的中考考了一塌糊涂。心有不甘，所以我决心改变。我发了疯地学习，记得自己看了《等你在北大》和《你凭什么上北大》不知多少遍，一直把全校第一暗暗地在心里默念，就像《你凭什么上北大》的作者想的一样，如果不能考第一，那第二和第两百名没有任何区别；记得语文老师说过写摘录对语文有帮助，于是每次都先在草稿纸上写满修改多遍后再抄到摘录本上；记得为了议论文写得更霸气，读苏洵的《六国论》不下百遍；记得英语阅读说过看企鹅阅读对完形阅读有好处，于是暑假里每天狂啃一本；记得高一时化学老师给我一本一轮复习用书，兴奋地半夜醒来借着走廊上的灯光做几题；记得H1N1爆发的时候37.5℃就可以回家一周，为了不落下课我顶着超过39℃的高烧坚持了一个礼拜。

除了自己的努力，我十分庆幸自己遇到了优异的同学和出色的老师。中考原来真的不是一切，我的同学没有理想的高分却也有着出色的品质——精进如饥，虚心若渴。我的班级团结朴实，没有浮夸，只有务实。而我的老师水平非常出色，记得语文第一课上朱老师说的春秋中黄泉见母的故事让自己一下觉得语文不仅仅是单调的应试，语文也可以很精彩。记得数学老师上课前总要和同学谈谈天，介绍各种经验技巧。记得物理老师一蓑烟雨任平生的豁达。记得英语老师看待问题的细致，把高中三年的整个过程细分而因时改变教学方法。记得生物老师对学生的尊重和爱护，每次有同学询问为什么自己的答案是错误的时，她总会说"你那时想到了这一点是好的，但是你忽略了……"一个但是，一处转折，却能大大地减少责备的语气，让我们拾起自信，感到无比的亲切。还有化学老师的"国有语录"，常常说出一些足以作为名言警句的话："在最后一门自选模块结束后，能昂起头抬起胸问心无愧地走出附中的校门时，你就是一个胜利者；播种行动，你会收获习惯；播种习惯，你会收获性格；播种性格，你会收获命运。"心头添了一份咸咸的滋味，是泪水，心感动；云边多了一股温暖的力量，有暖风，云感动……到了附中，我才发现自己并没有失去什么，而是收获了很多。

也说经验

语文这一科，我在高中完成的是中下到中上的转变，变化不大，却着实下了不少工夫，也没有想过投入和产出不及别的学科是否划算，只是觉得要考真正的高分，什么科目都不能偏科。记得自己最狠下功夫的是字词病句和作文默写。高一、高二做了大量的字词病句题，并且在高三对高考题进行了细致的分析。高考对字音字形的考查重点是日常的易错音和词，所以我把三年纠错发现的生僻词，背了几遍不易错的都去掉，留下写满了三张纸的字词，然后复印几份，剪成小纸片放在口袋里，平时有空的时候背。高考题竟然也全命中了。病句则是侧重对句式的分析，到最后一口气分析了50道题200个句子。

关于默写，我采用的是最笨的方法——所有的默写篇目都默一遍，顺便也就把古文中的重点字词回顾一遍。最后是作文，语文老师常说作文的关键在于自己的感触，所以我把看文章、作摘录、写随笔作为提升的途径。一个礼拜写两篇，最早的时候还不敢写在摘录本上，要先写在草稿纸上，改了以后才抄上去。然后是把自己的考场作文反复修改，改了以后找老师评分，找同学老师评意见，最多一次改了八遍，最后几遍就是在几个字上琢磨，抄了一遍又一遍，不只一次地想放弃，但最终咬咬牙，在坚持不住的时候再坚持一下，最后水平有所提高。

英语也曾是我的弱科，所以我一直把夯实基础作为重点。记得以前看过《等你在清华》这本书，里面的一位理科状元介绍自己的英语基础非常弱，但最后146的高分就是靠背课文练出来的。我没有每篇必背地投入，但也做到了熟读——熟悉到某个词是那本书第几单元的什么地方出现的，它的位置在单词表的什么地方，它在笔记本里有几种解释，它的典型例句是什么。比如我现在还记得 fragile 是选修六第一单元第二篇阅读介绍 Guggenheim Museum 时用到的，在单词表第三页左侧下方。还有就是例句的背诵，课文上的、笔记本上的和语法本上的，重点单词和语法不是靠背的，而是靠记例句。我现在有些浮躁的时候还会默背必修四第三单元介绍袁隆平的那篇阅读的最后一段的第一句："Just dreaming for things, however, costs nothing."（只想不做，无意义。）熟背这一句，不仅能让自己静下来，而且有了用 however 不用 but 和用插入语的意识。

数学考的绝对不是难题，最后一题的压轴有时只有区区 4 分，不做又怎么样呢？还有 146 分啊，前面错一个选择或填空，解析几何和函数的压轴部分都不做，也还有 130 这样的高分。所以，我把数学考试看作两部分——130＋20。130 是简单题和中档题，这部分做全对是关键，所以平时就要把作业当作考试，难题要做，做不出也别灰心；但简单题和中档题一定要认真对待，像考试一样对待，错一个都是莫大的损失，心里是会难过的。若没有难过就装出来，装久了也就真的了。对于难题，我的做法是高一、高二的时候多做竞赛题，扩展视野，做多了再看高考题就会觉得简单了，这其实也是在夯实基础；并且看一些系统性强的数学书，我看的是《什么是数学》，由浅渐渐入深，可看性强。

对于理综，其实不少同学是来得及甚至能空出很多时间的，我也是这其中的一员，所以我把重点放在准确率上，因为就算空出半个小时，也检查不了多少题，要做就要一次全对，实在有疑问就做记号，检查时再重点对待。说到在试卷上做记号，其实高考没有对试题卷上的用笔有限制，那为什么不带上红笔蓝笔铅笔呢？要是碰上不发草稿纸的老师，可以用铅笔先在试题卷上打一遍，黑笔写一遍，蓝笔再写一遍，红笔也可以。另外用红笔或者蓝笔会更醒目，铅笔适合做箭头指向。

至于怎么练就或者说接近一次全对的本领，就像前面讲数学说的那样，平时作业像考试那样做。另外理综有两个半小时，全神贯注这么久显然也不太可能，我的方法一是平时练习，像做早操这样的事都认真对待，其实看着主席台上的示范，做广播操一个动作都不错是很难的，至少我花了一个月的时间才勉勉强强跟上，总是会开小差，总是会出错。若是连一个十分钟的广播操都做不好又何谈两个半小时的理综呢？二是在考试过程中去借上厕所的名义出去，到走廊上看看风景放松自己。

就自主招生而言，我参加的是"华约"的自主招生考试，成绩是浙江省第六名。其实我完全是裸考，没有任何的准备，我觉得可以把这样的高规格考试看作一次高考，高考前应该怎样休息复习我就怎样做，将其作为一次提前模拟考试。这样来参加考试不仅能和高手过招，扩展视野，而且还能积累大考经验。参加大考的经验其实非常珍贵，考多了，对待高考也会像对待模拟考试一样，不会特别对待，也就不会出意外，不会特别紧张了。我不知道"北约"的情况，对于"华约"而言，我觉得对难题有过接触，态度端正，能力自然会体现的。

我参加过浙江大学、上海交大、香港大学、香港科技大学的面试，加上以前经历过的一些面试，经验还是有的。一是要提前弄清面试的流程，看看往年的题目，分析题目背后的意图，做到心里有数，比如港大的面试，看重的是英语对话中的思辨能力。其次就是心态和一些技巧上的问题了，对待面试官一定要自信，进场时来一个充满阳光的微笑能掌握面试的主动权。自己准备一些深层次的问题在最后有机会时提问，可以让面试官对你的印象大增。还有就是多去看看书籍、网上介绍的各种技巧，找适合自己的用。要是一场面试没发挥好也没事，就当是为下一次的成功积累经验嘛，尤其是自主招生的面试，时间都在最后的冲刺时刻，可不能在别人冲刺的时候浪费时间在一旁哭泣。

最后是心态。我的化学老师常说，高手过招，比的不是技法，而是心态。对我而言，在最后一门自选模块结束后，能昂起头抬起胸问心无愧地走出学校校门时，我认为自己就已经是一个胜利者了。高考的最大收获不在于成绩而是成绩背后的汗水，在于高中三年收获的能力，认识的打不散的同学、亲切的老师，毕生难忘的三年。所以，有什么好紧张的呢？

竞赛也给力

从一模开始，我就思考着高考前的最后一晚我该怎么过，所以我的每次模拟考试前的最后一晚都像是高考前的最后一晚。对我而言，可以看少量的书、做少量的题目保持题感，千万不能看一整晚的书弄得身心疲惫，因为第二天可能一个知识点都不会考到，而且还因为疲惫而没有精力参加考试。我常看的书是政治必修四哲学生活和鲁迅的杂文，还常常跑去和文科班的同学讨论。看的书不要太闲，不能转移注意力，让自己厌学，不然会适得其反的。

高考只是过去了两个月，记忆却似流沙纷纷流逝。曾经亲密的老师、同学，感觉一下子疏远了很多很多。但是，记忆毕竟不会随时间风化而成空白，就像紧握在手中的沙子，即使留不住，终会有几粒停在掌心，而那几粒就像潮水漫过脚掌时指尖落下的金沙。再小，却也是电光火石。

高中的学习感受

解一道竞赛题就像是让你在一道鸿沟上架桥,从一头走到另一头,每一块桥板都要自己去找,所以每找到一块桥板,其作用就会鲜明地体现出来,而且架桥的人能够清楚知道每块桥板是如何衔接起来的。

姓　　名：陆绎顺
录取院系：物理学院
毕业中学：广西师范大学附属外国语学校
获奖情况：2010年全国高中数学联赛广西赛区一等奖
　　　　　2011年全国高中数学联赛广西赛区一等奖

当进入高中学习阶段时,我已经对高中繁重的学习任务做好了准备。一些高考非常厉害的学生的经验是:在高三的时候是最辛苦的,但是只要在高一、高二努力,高三会比较轻松。所以,我在高一刚开始时就认为应该分散困难,把高三的压力平摊到高一、高二,这样安排起来也舒服一些。当时我就计划选择数学和物理竞赛作为主攻的竞赛,并且以数学竞赛为核心,物理竞赛为辅,并且通过竞赛检验自己的学习方式,提高自己的思维水平,带动其他科目提高,到高三时能站在更高的平台上面准备高考。

之所以这样想,是因为高中一开始老师就强调,高中的难度比初中大多了,而且主要的难度在于理解和灵活运用,而不是记忆。我发现参

竞赛也给力

加竞赛对于锻炼理解和灵活运用的能力很有用，所以我把高中的核心主线定为竞赛，这样也对平常的学习有很大帮助。同时竞赛所学内容基本上就是中学内容，但是更加深入、全面，参加竞赛可以跳出高考的圈子，达到更高水平。

因为我将主要精力放在数学竞赛上，所以接下来说的竞赛大部分是数学竞赛。

学习的关键在于自己

1. 独立思考、自主学习

学习最重要的是独立思考、自主学习。从小学到高中，再到今后的大学，我发现自己其实是一步步走向独立自主。小学有老师耐心地指点，将课本的知识一条一条地梳理，课时内容少，我们能慢慢学。到了初中，书上学习的东西已经不能解决作业中的所有问题了，要在课外的练习巩固中获得自己的理解，才能学好，课堂上老师的作用被淡化了，自主的成分增加了。老师鼓励我们自主学习，超前学习，加深学习，不必拘泥于课堂上教授的知识，要自己向外拓展。到了高中，桌上的教辅书比以往更多了，要在课外花的学习时间也更长了，如果没有独立思考、自主学习的习惯，即使学了课本的内容，完成老师布置的作业，考试又如何能应付？高考又如何能脱颖而出？经过高中的磨砺，进入大学，学习就更加自由了，甚至连课程表都要自己安排，老师已经"退居二线"了。

现在教授学习方法、学习经验的书数不胜数，教辅书、题库多如牛毛，各种名师补习班层出不穷，就好像只要学生按部就班地做题、上课、补习、考试就行了，程序完成以后毕业，好像生产工业产品的模式。如此，学生变成了产品。

2. 数学竞赛靠自己

在数学竞赛过程中，独立思考、自主学习也是必需的，没有任何商量的余地。

首先，要参加数学竞赛，必须阅读大量的竞赛书籍，而这些资料怎么找，基本靠自己，比如到各个书店自己选，一有新书就马上关注，或者上网下载，各种竞赛真题之类的。如果不能开辟自己学习途径，竞赛就只能原地踏步了。

其次，由于数学竞赛的问题非常灵活，所以必须对问题深刻理解，要有灵活的想法才能破解难题，这些东西是不可能写在书上，由老师教给你的，必须得自己领悟理解。就我的经验来说，自己的理解往往比老师更好，因为很多老师都是照本宣科的，或者其想法理解起来很费力死板，不如自己的理解来得灵活自然。

最后，要真正解出难题，必须靠自己，如果只是看看答案，或者由他人告诉你解法而没有自己思考过，是不会获得真正有用的体会的。正如跑100米的运动员如果光看别人跑，或者听别人讲，没有亲自去练习体会，成绩永远不会提高。在思考问题的过程中，要不断调整，不断尝试新方法，不断抓住问题的破绽，运用各种方法，才可能成功。当然在这个过程中，经常会卡死，会陷入困境，会找不到方向，如果能想办法找到灵感，获得突破，那么会有非常大的收获。

困难与挫折

1. 协调竞赛与正常学习

在高中三年，要面对很多困难。首要的困难莫过于协调竞赛与正常学习的困难了。正常学习的时间已经占了绝大部分，但是如果竞赛的时

竞赛也给力

间投入不够,如蜻蜓点水,不如不学。

在高一的时候主要是试验自己的学习方式,重点在于先把高中正常学习的基础打好,同时超前学习高中所有内容,再跟进相应的竞赛内容,这些都必须抽课余时间、晚自习剩余时间做完。前期投入得多,后面就能飞速前进。

看起来这样要做的太多了,根本忙不过来。从我的经验来看,刚进入高一,一般大家都接触到新的学习内容,视野一下子开阔许多,这时候的学习兴趣是最浓的,而且刚开始时学习的内容比较容易理解,要记的东西还不是很多,所以这时候基本上会投入比较多的时间打好各个科目的基础。由于竞赛起步不久,所花精力也不是很多。当时,基本上决定参加竞赛的同学在高一的成绩都不错,说明这时候平衡竞赛和正常学习还是很容易找到感觉的,而且动力很足,不会厌倦。只不过决定参加竞赛的同学必须一开始就比别人付出多一倍的努力,学习的范围跟深度都远远超过高一的内容。

在渐渐深入学习数学竞赛知识、做习题的过程中,很快就会发现高中内容差不多已经弄懂了,基本上能解决绝大部分的高考题。我在高一结束前就达到了这样的状态,而且还看了一些联赛一试和二试的内容。接下来的暑假,我参加竞赛培训,正因为有了高一的基础,所以听课时理解得比较深。我发现当时一些同学听得云里雾里,其实是基础薄弱的原因,特别是二试的课程,有些同学只有一些最基本的知识,甚至什么都没有,所以只能是走马观花。因此只有在前期打好基础,才可能在后期飞速前进。

高二的时候我获得了联赛一等奖,接下来我希望能参加国家数学奥林匹克竞赛,这时候才发现自己所学的内容很不够,比如数论、组合这些难度较大的内容,所以如果按照高一按部就班地学,是难以有突破的,因此我选择在竞赛和正常学习之间大部分偏向于竞赛。

这时候最难协调分配时间精力,参加竞赛的同学的心态会发生很多变化。比如高二未获奖的同学心有不甘,打算在高三一定拿奖,高二获

高中的学习感受

奖的同学就想继续向更高的层次冲击。总之就会花很多时间在竞赛上面，从而给正常学习带来很大的影响，成绩基本上会下降很多。

要克服困难，首要的就是调整好想法。如果过于渴望在竞赛上面取得优异成绩，就会完全放开平常的学习，转入到竞赛上面，甚至对平常的学习产生厌倦、逃避的心理，把大部分希望寄于竞赛上。如果过于担心竞赛会影响正常学习，就又会回到按部就班的状态上面。比较好的是既能大胆地放开平常的学习，多花精力于竞赛上面，多去冒一下险，同时又在平常以最简洁的方式学习，抓一些最必要的内容来学，不让自己浑浑噩噩地度过高二。

举一个比较具体的例子。高二物理要学电磁学，化学要学化学平衡、有机化学，这些是比较重要的内容，在课上可以不按照老师的上课进度，自己学得快一点，尽量理解课本内容，然后可以自己做一些典型的习题，加深印象，这样上课的效率高，下课就省出很多时间。如果基础好，可以向老师提出申请，只做一些最必要的作业，其余的暂时放下。虽然这样学效果不是很好，但是能抓住主要的内容，有一个大体的印象，今后再回来复习，就很容易上手了。最大的好处就是省出了非常宝贵的时间留给竞赛。

2. 考试失利

在高三的时候，我参加了物理竞赛和数学竞赛。物理竞赛上面我曾经花过不少精力（但是大部分还是学习数学），希望能在高三获得省级一等奖，但是现实还是与想法相背。当时我并没有受到太多影响，因为我知道，物理竞赛与数学竞赛是不同的，虽然物理上面能力不够，但是我对数学还是很有信心的。

结果在数学竞赛我同样也没有发挥好。在考试的时候，心态就不好，考二试的时候有一段时间完全找不到问题的破绽，一出考场就知道自己没考好。这是一个挺大的挫折，因为我在这上面花了很多精力，结果却还是和高二一样，当然有些失望。不过接下来我迅速调整了自己的心态：

竞赛也给力

这次考试告诉我，自己的心态还不够成熟，在数学上的能力也还有欠缺。"One man is not born to be defeated."（人不是为失败而生的）。这次的失败，将成为今后的踏脚石。我要让每次失败都为成功作铺垫。

我很快就从竞赛的失败中走了出来，基本上没有什么影响，又回到了正常的学习中，此时已经是高考一轮复习的开始阶段了。经过一番努力，我很快就补上了之前落下的知识，重新回到高考的轨道。不久我就有幸参加了北京大学的保送生考试，并获得了保送资格。

在参加保送考试的时候，我已经没有太多的想法，只要去考一考，管它是什么结果。之前的失败都挺过来了，还有什么能让我紧张的呢？当我得知自己被保送了之后，就像是很自然的一件事。也许是因为之前的失败就是成功的序曲吧。遵循着目标之链条，一步步向前走，总会从起点走向终点。

对竞赛的感受

我的高中经历基本上就是围绕竞赛展开的，作为一个亲身经历过竞赛的高中生，我可以说说一下自己的看法。

1. 参加竞赛是一种自我挑战

竞赛最核心的东西是一种挑战自我的精神。打个比方，要在高考上面考得好，要做的题是"题河"，而竞赛才是"题海"。大量竞赛习题的训练对于磨炼一个人的意志与水平是至关重要的，是对自我的极大挑战。

为了有能力解决问题，还要学习许多高中课堂没有的东西，比如物理竞赛的同学要熟练掌握微积分的原理，数学竞赛的同学所学的数论、组合知识其实就是大学课程的前半部分。这些东西刚开始接受的时候并不简单，需要较长时间的体会才能逐渐掌握。

还有想在竞赛上面取得好成绩的同学必须要有足够的"定力"。竞赛是一种延迟奖励机制，也许你必须努力很久才有可能达到目标，长时间的坚持是非常重要的，半途而废、分散精力是不会有什么成就的。只有把握自己的节奏，稳步向前，才能走向成功。

2. 数学竞赛的问题

数学竞赛的练习题完全不同于机械的问题。反观许多教辅书上面的高考题，难度基本上固定，模式基本上标准，而且留给思维回旋的余地很少，基本上一题就是一条线下去就能解决的。而且如果没有经过竞赛的磨砺，只是局限于做高考题，对问题的理解往往只能是比较片面的；若是经过竞赛的磨砺，就会发现很多解题方法在竞赛上面实际上有非常大的作用，但是在高考题上面并不能体现出来。为什么会有这样的差别？打个比方，一道竞赛题就像是让你在一道鸿沟上架桥，从一头走到另一头，每一块桥板都要自己去找，所以每找到一块桥板，其作用就会鲜明地体现出来，而且架桥的人能够清楚知道每块桥板是如何衔接起来的。一道高考题就像已经帮你做了足够多的铺垫，把鸿沟填成了小沟，只要几块板，或者一块板就能完成任务，这样就很难有什么深刻的体会。

数学竞赛的问题很有启发性。有一些标准的问题，比如代数中均值不等式的运用、平面几何中有关共圆的问题、数论中有关费马小定理的问题，都是变化无穷的，每做一道新题都会有不同的感受。做完一道题常常感觉还有很多东西可以去仔细想想，比如这个问题似乎与之前做过的方法有些相似，为什么用相似的方法能解决不同问题，有什么原因吗？这个问题的答案跟我的方法不同，我的思路跟答案的有什么不同？同时具有什么特征的问题比较适合用我的（或者答案的）思路？这样经过一些问题的启发就能获得更加深刻的认识。

数学竞赛的问题是非常灵活的，它没有标准的模式，需要解题者发挥自己的创造力，把不同的思路、方法加以筛选、组合、创新，才能使问题迎刃而解。解决的问题越多，思路越开阔，思维越灵活，完全不像机械的做题方式——反复练习同样的问题，反复使用同样的方法，反复

记忆同样的模式。所以，我认为如果能有机会解决一些数学竞赛题，是非常有好处的。如果有兴趣，做得越多，对于学东西，想问题，培养创新精神、独立思考的能力就越有作用。

3. 竞赛的真正收获

我发现，参加各科竞赛的同学大部分都是对所在的科目非常感兴趣的，而且是从最基础的开始，逐渐进步，最后都获得了很大的收获。竞赛不是加分工具，也不是划分学生等级的考试，而是锻炼自我、培养兴趣、提升思考能力的过程。真正在竞赛中受益匪浅的同学，目标很明确，想法很坚定，并且能够为目标坚持不懈地奋斗，克服各种困难。虽然并不是人人都能实现自己理想的目标，但是大家却在几年的磨炼之后思维能力得到了很大提升，同时学习到了许多课堂上学不到的内容，对于学习有了更深刻的体会，这些比单纯的获奖重要得多。

任何事情亲身经历过才会有深刻体会，参加完竞赛的同学都会发现自己的真理吧。

宝剑锋从磨砺出，梅花香自苦寒来。坚定信念，明确目标，坚持不懈，克服困难，你也将会拥有一个充实的高中生活！

高中竞赛之我见

无论是竞赛,还是基础功课,做题总是必不可少的。但是做题多和成绩好之间并没有直接的联系。

姓　　名：王其欣
录取院系：信息技术科学学院
毕业中学：浙江省杭州市第二中学
获奖情况：2011年全国高中学生物理竞赛（省级赛区）一等奖
　　　　　　2011年全国高中学生信息学竞赛（省级赛区）一等奖

竞赛是传统学科之外的又一门新学科,需要的不仅是平常的听课做题,更是思维和方法上的锻炼与提高。同时参加竞赛对自己的学科素养有着极大的提升,也可以更好地锻炼自学、与人合作学习的能力。所以如果学有余力的话,我是强烈建议参加竞赛的学习的。

我的竞赛路

就我个人而言,我从小学到初中、高中,再到进入北大,几乎一直参加竞赛。从小学的华杯赛到初中的华杯赛、初中数学联赛、青少年信息学联赛普及组,再到高中的物理、信息学两门竞赛（我在高一时还参加过很短时间的数学竞赛，可惜后来放弃了），我似乎一直在参加学科竞赛。竞赛可以说帮我进入了杭州、浙江乃至全中国最好的学校。更重要的是，竞赛教会了我学习的方法，并帮我节约了不少一般人无法节约的时间。从初中升学到高中，我便没有参加统一的中考，参加的是当时杭二中的入学考试。同样地我也没有参加高考。可能也是个遗憾吧，人生比较重大的两次考试都被我"逃"过去了。但正是这中考节约的两三个月，高考节约的半年甚至更多，使我也得以提前学习到一些知识，我相信这对更高层次的学习一定有很大的益处。我的同学共有18名同学拿到了一等奖，保送的一共有5个北大、4个清华、4个复旦，而我们保送之后除了帮助老师、服务同学之外，都在自学大学的知识。可以说，高考的同学在努力复习，我们也并没有闲着。

但这些节约来的时间并不是凭空产生的。在高中的前两个学年，需要付出的是比一般人更多的时间，对基础学科的成绩可能也会有不小的影响。这是在上高中之前我从来没有意识到的。初中，我在杭州最好的初中文澜中学学科排名也在前十，但到了杭二中参加了两门竞赛之后，成绩却滑到了50~100名。我想，可能正是竞赛花去了我大量的时间、精力，才令我成绩不如初中了。各位看官要明白，高中的竞赛和初中竞赛的概念是完全不一样的。在初中我也参加物理、数学、信息学三门竞赛，也没感觉时间如何紧张，基础功课照样也可以轻松驾驭。到高中本身学业就加重了很多（曾经有人跟我说初中三年的东西高中应该一个学期就够了，我深觉有理），更别提参加竞赛了。此外，参加竞赛的同学是没有寒暑假的，寒假通常要参加一个课外培训班，再来几张卷子，一般还会提前上课推迟放假，一共没一个月，一下就过去了；暑假则是各个竞赛备战的黄金时期（生物竞赛除外），根本没什么多余的时间。我高二前的暑假先参加20天的浙大物理竞赛培训，再到北京去参加10天的信息学竞赛的培训，回来之后就开始物理竞赛无休止的刷题。我认识的一些OIer（参加信息竞赛的同学）暑假基本就是在电脑前度过的，一轮又一轮的模拟赛，各种网站的月赛（国外居多），甚至有凌晨的比赛。这无论是对脑力还是对体力都是一种锻炼。

❀ 竞赛，更重要的是取舍

首先是竞赛和高考之间的选择。很多同学考虑到竞赛对高考的帮助，而功利地参加竞赛，在我看来这是并不怎么可取的。不要看着竞赛同学该门学科不复习也可以轻松考出高分，我们背后在竞赛上花费的时间，是不参加竞赛的同学根本无法想象的。物理竞赛（其实包括数学、物理、化学、生物，都一样），进度太快，程度太深。即使是同样的问题，难度也完全不同。举个例子，同是抛物体运动，斜抛（浙江高考不要求斜抛）和平抛难度就完全不同，更别说各种变种的斜抛问题了。而高一我们就已经接触了很多此类抛物体问题，若是为了高考，我以为是完全没有必要花费这么多的时间、精力来学习这一块的内容，更别说每一块内容都还需要大量地做题来巩固了。

前文也说到参加竞赛耗费的时间之多是不参加竞赛的同学难以想象的，基础学科成绩也极易受到影响，如果想高考考高分，不如不参加竞赛专心高考，就像比我高三届的一位学长从不参加竞赛最终高考全省第三。我个人由于从小参加竞赛的缘故，十分喜欢竞赛，所以也花费了较多时间在竞赛上。而同时我的诸多同学可能运气就没有这么好了，虽然有一些可以在两项都"笑傲江湖"的强者，但更多人则是黯然放弃竞赛。杭二中的物理兴趣小组一开始有近百人，最后高三参加复赛的只有18人；信息学兴趣小组一开始也有十几人，最后仅两人。由此，竞赛残酷的淘汰机制可见一斑。有句话叫"陪太子读书"，虽然热衷竞赛的并非太子，但陪着参加竞赛而"身在曹营心在汉"的同学，可能真的是在浪费时间了吧。为了进入清华北大，真的有很多路可以走。我的一位同学参加物理全国决赛，签约进入了北京大学；我还有一位数学竞赛的同学，他的成绩相当不错并拿到了数学一等奖，也通过保送生考试进入了北京大学；

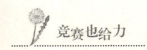
竞赛也给力

还有一位参加物理竞赛但竞赛成绩一直不理想的同学，最后由于复赛和高考听力时间冲突，放弃了竞赛，最后也得到了清华大学35分的自主招生降分，高考发挥得很出色，也进入了清华大学。所以我想说，没有最好的道路，只有最适合自己的道路。

除了竞赛和高考的选择，竞赛科目的选择也很重要。当然，最重要的是兴趣。兴趣是最好的老师。但在很多时候自己也并不清楚对这门学科的热爱有多深，是暂时性的还是长远的。此时可能就需要思考选几门，选哪几门。首先是选几门的问题。个人觉得，一般情况下，数理化三门最好只选一门。因为关键的复赛时间都集中在九、十两月，如果有两门的话时间会冲突，复习将十分不便。最后结果必然是你放弃了一门，主攻一门，这样倒还不如当初只选一门呢。所以在高中一开始可以自主选择竞赛科目的时候一定要想好这个问题。竞赛兴趣小组，进去容易出来难啊，不知道有多少同学进了兴趣小组，想放弃这门专攻另一门的时候，老师就会反反复复地找你谈话，谈到你不好意思退出为止。我有一位同学就是同时参加了物理和化学两门竞赛，结果想退出化学专攻物理也没有机会了。最后化学没有拿到一等奖，物理没有进省队，可以说和他的目标差距十分大。即使是像他那样每天只吃两顿饭，只睡4～5个小时的狂人，也来不及迅速完成从化学到物理的思维转变。所以我比较建议物理或数学和信息学或者是化学＋生物的组合。这样时间上比较宽裕，学科思维也相近，有一个相辅相成的作用。我就是选择物理和信息学这两个学科的，主攻的是物理。主要就是因为物理团队人比较多，氛围非常不错。我们有一个20人左右的物理团队，而信息学竞赛最后只有我和另一名同学。

做题与方法

在一起做题的效率的确会变高，即使自己想偷懒，看到周围人全部

高中竞赛之我见

在用功也不好意思偷懒。同时合作解题也是相当不错。闻道有先后，术业有专攻。先知道的可以教后知道的，热学厉害的可以教电学厉害的，反过来也一样。同时，如果通过非学校的途径了解到的一些好书，也可以一起分享一起做。说到竞赛辅导书，我在百度知道上经常看到有人问物理竞赛应该看什么书，在这里也顺带着说一下。在到达高考水平之后，可以看看范小辉的"黑白皮"（题典）或者舒幼生和钟小平合作编的"绿皮（培优）"，之后可以看沈晨的"高妙"（更高更妙的物理方法），此时应该有省赛水平了，再之后就是舒幼生的"集萃"（物理学难题集萃）。我个人就只做到这一步了，可惜复赛没有发挥好，也没有机会看看郑永令的"国培"了。

除了做题，学习方法也是非常重要的。在参加竞赛这个漫长的过程中（两年多），我比较推崇的学习方法，也是我们杭二中叶校长经常说的方法：自主学习。在平时，由于作业、考试、老师的压力等种种原因，在学习上你很难获得较大的自主权。而参加竞赛就完全不同了，你完全可以自己选择要加强的模块，或者是想做的一本书，老师基本都不会来干涉。同时，如果只是跟着老师，即使是再厉害的老师，也是不够的，这也迫使参加竞赛的同学们自主学习。拿我自己举个例子，我参加物理竞赛时，做了十几本书，自学了不少大学的课程（如高数），且不说这些知识是否有用，锻炼的自学能力本身，就是一个非常大的收获，甚至比知识更有用。所谓"予人鱼不如予人渔"，就是这个道理。自学能力，在大学，甚至更以后的生活学习中，都是非常有用的。就算只在高中，我也可以深深体会到参加竞赛对我的学习能力，尤其是自学能力所带来的巨大的提升。我在高二由于接连参加9月的物理竞赛和11月的信息学竞赛，将近三个月没有上过课，没有做过作业，期中考试也考得惨不忍睹。但在花费了前后一个学期的时间之后，在第二个学期的期中考试，我依然可以考进前50名。不得不说是竞赛教会我的种种自学方法让我能在之后的一个学期之内迅速补上之前的漏洞，回到停课竞赛前的成绩水平。而我也看到周围许多同学在参加竞赛之后也可以迅速进入基础学科学习的状态，在高考中发挥出色。我有三位拿到赛区一等奖、选择参加自主招生的同学，最终他们都考出了超过北京大学录取线10分以上的好成绩。我想，依靠的正是他们在竞赛中学到的方法，才能迅速补上听课参加竞赛时造成的漏洞吧。

再谈谈做题的方法（这也属于自学的范畴）。无论是竞赛，还是基础功课，做题总是必不可少的。但是做题多和成绩好之间并没有直接的联系。我周围就有不少同学，无时不刻都在做题，但成绩（有竞赛也有平时）却并不理想。而同时，却有一些同学，似乎也不怎么用功，但成绩就是挺好。这可能就是做题方法上的问题了。关于做题，我想说说以下几点。

第一，做题时，尽量保证一个模块一个模块地做题（除非最后的冲刺阶段），这样有助于加强记忆，能够更好地融会贯通。

第二，可以用笔记本记录下自己的错题。这里的错题指的是具有一定价值的错题，诸如可以说明一些知识点、可以说明一些易粗心点的题目都可以记录下来。甚至可以用一本笔记本直接记录易混淆概念及易错点。

第三，做完题的思考。做完一道题目，不要很快开始下一道的题目，可以思考一下，通过这道题可以学到什么，这道题可以有怎样的变式（比如说平抛转斜抛、平的传送带变为斜的传送带、光滑变粗糙等）。然后和别的同学一起做，再看看答案、方法是否一样。当然，凡事要适可而止。像我的一位同样参加物理竞赛的同学就过度追求难题怪题的思考了，在相对论和同一道题目的妙解上花费了大量时间，被我们称为"做高妙做过头了"。不可否认，这种精神的确需要，但如果在旁门左道上"浪费"过多时间，可能就有点得不偿失了。

第四，还有值得一提的是有些同学在平时做题时，一旦做不出就去看答案（或者题目一看就看解题报告）。这种习惯相当不好，要尽量改掉。原因也不用我多说了吧，缺少思考的做题，不是做题。

第五，有一些同学平时喜欢做完一道题就对答案，这其实是一个很不好的习惯。毋庸置疑，这会产生依赖性。在真正的大考中，谁来和你对答案？其实这是一个心态的问题，平时的考试其实并不重要，一次考差了也不能说明什么（其实重要考试考差了也不能说明什么，但可能可以决定一些事情）。所以并不要把每次考试都看得过重，考前拼命复习，考差了就自怨自艾，考好了就趾高气昂。所谓"小考小休息，大考大休息，平时不休息"就是这个意思。而如果在平时经常依靠爆发得来较好的成绩，这样反而会麻痹自己，得不偿失。拿我自己来说，基本除了期中考试、期末考试都不会去刻意地为了考试而复习。这样考出来的成绩才展现了我的真实实力，考得不好如果有人嘲笑你就让他嘲笑吧，反正抱着"有则改之，无则加勉"的心态，并没有什么关系，但自己一定要找原因。不要找一道题错的原因，而要找一个模块错的原因，或者一个学科成绩明显下滑的原因，而且要找在学习上的问题，包括学习态度、学习方法等。即使现在考不好，并不意味着以后考不好，要摆正心态，这样才能应对以后更大的挑战。

考试技巧

有些人平时做题和小考都能非常顺利地做完题，但是一到大考却总是发挥失常。下面我再说说自己对考试技巧的想法。

拿到考卷可以先浏览一遍题目，大致判断出这次考试的难易、题量（这个耗时 3~5 分钟，需要锻炼看题目判断耗时等的技巧）。然后依次往下做，遇到超过 5 分钟（如果是物理竞赛就是 20 分钟，其他竞赛又有不同，这个可以自我考虑）的题目就先跳过，除非你非常有把握可以做出并有 80% 以上概率基本不失误。做完一遍后，再做一遍当时看起来的难题，有可能一开始还没有进入状态导致做不出的题有了灵感十分轻易地就做出来了。如果第二次又没有做出来，那么先不要去理这道题了。把你做出的题目检查一遍。可以用倒算的方法，可以用看量纲是否正确的方法，也可以换一种方法做。总之，从侧面证明你的解题是正确的。不要用同样的方法再做一遍，基本会进入相同的陷阱之中，然后继续做错。一般我建议用整场考试的 10%~15% 的时间来检查，除非是时间特别紧张。最后就是死攻难题了，这也没什么好说的，期待灵感爆棚吧。值得一说的是在时间特别紧张的考试之中，我建议采取跳着做的方法，即每次都选择余下题目中最简单、耗费时间最少、最有把握的来做，以免捡了芝麻丢了西瓜。

竞赛，应先热爱

不可否认，现在参加竞赛的同学很多是为了拿到一等奖可以保送而参加竞赛。功利地参加竞赛就是一个赌博，赌的是自己的时间，博的是一等奖（以后就是金奖）。我个人认为这是非常不值得的。前文已经提到，参加竞赛将花费大量的时间与经历，而且效果并不一定好，不如把时间花到平时的学科上去，可能效果更好。竞赛，应该是给那些热爱它的同学的。

可能文笔不怎么好，但是每一句都是我真实的想法和经验。希望对各位有帮助。

高中的最后一次总结

课后一定要花时间去理解课本,而不是选择一味地完成作业,然后有时间就看教辅资料。事实上,做作业之前理解了教材,可以提高做题效率,而且做题的同时也会不自觉地回想刚看的教材,这样就基本可以掌握当天的教学内容,然后再去看教辅资料也会是一个很轻松的事情。

姓　　名:朱志扬
录取院系:化学与分子工程学院
毕业中学:湖南省长沙市长郡中学
获奖情况:2011年全国高中生化学竞赛二等奖

学习经验

谈经验的话,还是按照时间顺序来吧。

刚进高一,印象最深的是,老师说了某个知识点,然后看着下面一片愣着的目光,只能无奈地说:"大家都不懂吗?"这个意思是,高中一开始就涉及的知识点,会超出我们初中所学知识内容很多,那是一个质的飞跃,所以在高中开始前的暑假,该做的很多,包括英语能力(高中上课基本说英文)、语文的阅读量及理科的知识水平,都需要我们去提高。这个当然还是主要针对自己的弱项,毕竟我们不能花一整个暑假来学习,

竞赛也给力

所以很难做到各方面都突飞猛进，只要尽量让自己的能力全面一点就好。

进入了高中，具体来说，学习还是以书本和课堂为主，自己课外的学习只是用来巩固。这个还是我一直以来很坚持的，我也认为这是学习学科的比较轻松的方法。第一，上课一定要认真听老师讲，不管讲解新的知识点，还是练习题、解题方法，甚至是讲故事，你都要去听，听了的话，不管当时有没有认同，都可以帮你记住和理解这堂课的知识。完全没必要用上课的时间分心赶作业。第二，课后一定要花时间去理解课本，而不是选择一味地完成作业，然后有时间就看教辅资料。事实上，做作业之前理解了教材，可以提高做题效率，而且做题的同时也会不自觉地回想刚看的教材，这样就基本可以掌握当天的教学内容，然后再去看教辅资料也会是一个很轻松的事情。曾经与初中的好友交谈，有两句话就是这两方面的体现："上课我想就一个不理解的知识点去问同学，结果没听明白老师所讲又多了一些新问题"；"上课老师讲的我都听得懂就是考试分数不理想"，这足以证明了听好课与及时温习的重要性。

当然在学习过程中，很关键的一点是不懂就问。基本上从高中一开始到高考前那几天，你都会有疑惑不解的地方。因此千万不要因为侥幸心理或者单纯的偷懒，而把问题抛到了脑后，一旦有了这种习惯，你的问题只会越来越多，直到某个时期完全爆发出来，那时你就要花费多出几倍的精力去解决。我们那时，每天下课老师肯定被"围杀"，同学也经常地互相交流，这个就很好地解决了我们碰到的"疑难杂症"。

还有，我觉得体育锻炼还是很好的。我从小就喜欢打篮球，所以到了高中，更加地深深迷恋着，一到休息时间就会去打球。这个过程中，我认识了许多很讲义气的朋友。我只是觉得，多参加体育活动，不仅可以增强体质，还能释放过多的压力，又可以让我们的性格更加开朗一点，如此，何乐而不为呢？

然后就是学习态度。两个字：自觉。说来说去，要把任何方法落到实处，还是得靠自觉。我个人觉得我还是自觉性比较好的，至少我基本没拖欠作业，上课很少分神，休息时间能主动学习。所以呢，自觉吧，高中的孩子都不小了，没人会很管你，只能靠你自己愿意去做，才能做好。

要在高中比较舒适地学习，就要和老师关系好。其实老师是肯定希望和你关系好的，那样他的吩咐你都听得进。作为学生，你只要能认真地完成学习任务，老师自然不会和你有任何不协调的。和老师关系好了，没事还可以一起聊天的，收获肯定有。或许平时这些还不那么重要，但是当你遇到困难挫折时，如果主动地寻求老师的帮助，你就能更好地渡过难关。

在学习过程中，印象比较深的，大概也是对我帮助比较大的，就这些吧，仅供参考。

对竞赛的看法

对于很多人，竞赛肯定没法当成一个主修课，因为每科竞赛奖项有限，而这个是限制性的因素。不过，竞赛对于每个人都是有用的。最基础的，开阔知识面，锻炼思维，提高学习能力，培养爱好等，再不济，你也可以在竞赛组中认识朋友。所以说，能有竞赛的条件，当然要去参加，学不下去时自然会退出的。有些同学可能觉得竞赛会占用时间，而我们高一的竞赛其实就是占用了一个晚自习和一个大家都放假的周末的一天，所以是没有压力的。不信？我们学校四个学期期末的年级第一都搞竞赛，还是四个不同的人。总结就是，竞赛能够对学科方面的学习有好处。

不过还有一些人，竞赛确实作为主修课程。对于这些同学，要说的其实就是坚持。我所在的竞赛组，基本上每个人都是想过放弃的，但是坚持到最后的，每个都是笑着的。有时候你可能迷茫，但是既然你能留在那里，就是老师深思熟虑后决定的，说明你适合搞竞赛。即便可能最后没有进省队，没有保送，你一样收获了很多，比如实质性的加分、学

竞赛也给力

科的优势，以及更多的个人能力的提升。这些都是每个坚持竞赛的人所能获得的。

谈做人

说了这么多学习方面的，好像应该谈谈做人，但是，我确实不知道说什么做人的理论，我也就只能想想自己有哪些可取的性格特点吧。

第一，为人谦卑。我一直坚信的就是，我总有地方比不上身边的人。或许我的成绩比某些同学好，但是我的综合能力却可能比他们差。因此我觉得我该做的就是尽力去赶上别人。哪怕是取得了进步，我还是坚持，我得更加努力，因为前面还有更厉害的。

第二，有团队意识和团队精神。可能有时候，大部分事情都是可以一个人解决的，但是真正融入了班集体你就会发现，你每天的学习过程变得更加愉快，至少一有闲暇和同学聊几句，一起笑一笑，单调的学习会增添许多色彩，过重的压力得以释放。这个让我想起了，平时总有很多人会问我同一个问题："为什么你学习那么快乐？"我的回答通常都是，"能和一群有着共同目标和信念的人在一起，当然快乐"。时刻为集体考虑，能为我们亲爱的伙伴们考虑，你才能为集体所接受。

第三，专注。小时候，爸妈这么说："你要玩就玩，要做作业就做作业，不能人坐在那里心里却想着玩。"到现在，我一直觉得这种说法确实很对，而且也深入了内心，我做作业如分心想了其他事，仿佛爸妈的双眼就在盯着我，如芒刺背。专心，可以提高效率，非常明显的提高。

第四，坚强的意志。毕竟任何有用的，都是要坚持下去，才能发挥出它的作用。学习过程中，很多东西都是会达到我们忍耐的极限，会有太多的时候，你想放弃。这个没有别的办法，只能靠着内心的坚强，挺过来，你就离成功近了一步。做什么事情都坚持好，一定就要养成习惯，遇到困难挫折告诉自己要越挫越勇，平时能够做到，关键时刻也很难掉链子。

可能做人就那么朴实而又沉毅一点就好吧。

总会有些事情我们没法说出个因为所以,就像学习,最开始我也不知道我为什么就愿意学习,然后为什么就能学习好。但是一步步走下去,该做的做到,不该做的不去过多地想,慢慢地离成功也就近了。

其实说的多了,并没有什么用处,不如想得简单点。首先,你现阶段能做什么?学习。既然只能学习,那就认真地学习呗,没必要去想多了其他的事情。然后,学习过程中,能做的无非就是那些事情了,那就一点点坚持做下去。既然能做的是这个了,那我们就开心地去吧。

说到底,学习就是单纯的学习而已,无须说多了,无须想多了,就那么往前走便是。

学习生活我做主

做什么作业都要花费时间，而人的时间又总是有限的，所以在考虑某项作业是否值得做的时候，一定要看在做这项作业的时候，在单位时间内能给自己带来多大的收益，要选择收效最大的作业去做。

姓　　名：诸兆轩
录取院系：物理学院
毕业中学：天津市南开中学
获奖情况：2010 年第 27 届全国中学生物理竞赛天津赛区一等奖
　　　　　2010 年全国高中数学联赛天津赛区二等奖
　　　　　2011 年第 28 届全国中学生物理竞赛全国一等奖
　　　　　2011 年第 28 届全国中学生物理竞赛天津赛区一等奖
　　　　　2011 年全国高中数学联赛天津赛区一等奖
　　　　　2011 年全国高中学生化学竞赛天津赛区三等奖
　　　　　2011 年全国中学生生物学联赛天津赛区三等奖

走上竞赛路

竞赛生，对于很多非理科实验班的同学可能是比艺术生、体育生、出国生更加神秘而陌生的群体；我，作为其中的一员，对学习生活也有一些自己的理解，下面我就主要从学生和学校两个方面来谈一谈我对日常学习生活的一些看法。

　　学生干部对于如何处理好学习和工作的关系的讨论已经屡见不鲜了，而相对于学生工作，竞赛的学习，更是无时无刻地榨取着日常课程学习的时间。那么，在日常课程学习时间日益紧张的情况下，如何才能使自己的平时成绩不太糟糕——给自己竞赛失利留一条后路，就成了一个十分重要的问题。我对于这个问题的解决方案是尽量把握住学习效率最高的时间段。首先，我觉得对于某一内容的学习，随着学习时间的延长，学习成果的增长速度是不断变慢的，也就是说，学习的效率会随着学习程度的加深而不断降低。举一个通俗点的例子，这里我暂且用分数来代表一个人在一个学习内容上的学习成果，那么往往会出现类似这样的情况：在课堂上，听老师讲课45分钟，会使他从0分提高到65分；下课后，用一个小时做作业，会使他从65分提高到80分；再用一个小时研究一些细节问题，能让他从80分变到90分；之后，如果还想提高到95分，可能会需要好几个小时的努力。在这个过程中，随着学习的深入，在单位时间内获得的分数不断变少。也就是说，从成果上来讲，学习的效率在不断降低。既然我的目标只是成绩不要太糟糕，那么，我可能会花45分钟听课来提高65分，也可能会花一小时做作业来提高15分，但我应该不会再在这项内容的学习上下更多的工夫，因为那样做效率已经太低了。有的同学可能会想，我不学竞赛，我对学习的目标就是要在95分以上，那照你这么做岂不是让我的学习更退步？这时呢，我觉得就完全可以把这种把握最高效率时间段的思想运用到其他事情上来，毕竟一个人的时间总是有限的，在学习上用了太多时间可能做其他事情的时间就不够用了。比如，大部分时间都在学习的话，就可以考虑要进行多长时间的体育锻炼才能用最少的时间获得最大的锻炼效果。

　　走过竞赛这条路，感觉竞赛不只需要对某一科目的热情和灵感，还需要很强大的心理能力。学竞赛着实是一件折磨人的事情，孤独、寂寞、彷徨、无助、迷茫、犹豫。由于学竞赛的人数较少，所以往往得不到一个走高考的学生所能得到的教育资源,比如我们没有各式各样的教辅书籍任你挑选,没有现成的知识总结摆在眼前,尤其让人难受的是,没有一次又一次的阶段性考试。学竞赛,没有人组织月考、期中考试、期末考试,所以,在一年一度的正式竞赛之前,你很难得知自己的学习方法是否需要调整,也无从得知自己付出的巨大努力到底成果几何。自己努力地学,学了半天,取得进步了吗?不知道。学的方向对不对,有没有南辕北辙呢?不知道。这段时间的学习方法和前一段时间的学习方法哪个更好呢?不知道。这就是没有阶段性考试的感受。可能平时接踵而来的考试已经使一些同学感到厌烦,但我想,如果高考之前没有一次考试,那给人带来的就将是恐惧。所以,还是要好好地珍惜每一次考试的机会并且认真对待,在考试之后,好好分析自己的成绩,而这些都是为了一个目的——在学习上找到一条最适合自己的道路。考好了,为什么?没考好,又是为什么?学习时间、学习方法、考试状态、运气,影响考试成绩的因素有很多,而我们需要做的,就是找到自己考好或没考好的原因,并据此在之后的学习中作出相应的调整,以达到学习成绩越来越好的目的。

走特色的学习道路

我觉得,在学习上,每个同学都应该有一条为自己制定的特色学习道路。我这么想主要有两点原因,第一,学校和老师在对同学们提出某一要求的时候,其考虑的是如何让所有学生这样去做所获得的收益总和最大化,而具体到某一位同学,照着那条要求去做对于他却并不一定是最科学合理的,也就是说他可能会有可以获得更大收益的做法;第二,别人对于你的要求是通过你的外在表现制定的,而这外在表现却未必总能反映你的真实情况,最了解你的人终究还是你自己,学校和老师的要求有时可能并不适合自己的真实情况。我这样讲并不是说老师们一味保障集体利益而忽视个人利益，而是说每个同学都是有自己的独特性的，老师很难对每个同学提出各不相同的要求。就好像虽然在教学楼不同楼层的同学从校门口走到班里的时间是不一样的，但是学校不可能要求在一楼上课的同学7：25进校门算迟到，而在五楼上课的同学7：20进校门就算迟到。所以，在不损害其他同学利益的前提下，走一条最适合自己的学习道路还是很有意义的。

　　这里，我就以写作业问题为例，来具体地谈一谈如何走出特色的学习道路。老师们在布置作业时，一般都会照着较高的标准来布置，老师考虑的是学生认真地做完那些作业可以获得很好的成绩，而对于每一位同学，到底做哪些作业，做到什么程度，则要根据自己的实际情况去调整。同学们在决定做哪些作业的时候，一定要以能让自己获益多少为主要依据，而不要依据该科目的任课老师是否严厉等因素。做什么作业都要花费时间，而人的时间又总是有限的，所以在考虑某项作业是否值得做的时候，一定要看在做这项作业的时候，在单位时间内能给自己带来多大的收益，要选择收效最大的作业去做。我记得在高三的寒假结束的时候，全班好像没有一个人做完了所有的寒假作业，而老师们似乎也对同学们做不完作业早有心理准备。这时，同学们面对着超出承受范围的作业量，对写什么作业作出合理的选择就显得尤为重要了。高三的寒假，离高考已经不远，此时，在高考中取得高分已经成为了同学们做作业的一个重要目的，所以，就应选择那些对提高自己的高考分数最有效的作业去做。比如，我对某一科目的知识掌握得很好，平时分数都接近满分，或者对于某一项内容已经基本放弃，觉得再在上面下工夫也作用不大，这时，对于这些方面的作业可能就要有所放弃，因为花时间去做也提高不了多少分；而对于另一些科目，可能一直没有很认真学过，或是由于在上面花的时间太少而造成成绩较低，那么，对于这些作业，就应该加倍认真地去做，因为花这些时间很有可能将自己的成绩提高很多。说这么多关于写作业的事情，就是想让同学们能够根据自己的学习目标、根据自己对学习成果的期望来科学地选择自己要完成哪些学习任务，而不

竞赛也给力

要机械地老师让干什么就干什么，老师不让干什么就不干什么。当然，我的这些讨论并不是说要对老师的话充耳不闻，老师对于学习任务的布置都是很有科学性的，留什么作业也都是经过老师们讨论，他们布置的作业是经过了历届的学生和时间的检验的，老师对于学习的建议具有极大的参考价值。在学习任务的安排上，学生和老师各有优势，学生的优势是对自己非常了解，而老师的优势则是他有非常丰富的经验和更成熟的思维。所以，在决定如何走自己的学习道路时，一定要在参考老师的建议之后再结合自己的特点，走出一条最适合自己的路。

韩国的一位魔兽争霸Ⅲ职业选手曾经说过这样的一句话："我决不允许自己因为练习量不够而输掉比赛。"我非常喜欢这句话。备战竞赛的那些日子里，做题做烦了的时候，我就想我一定要达到这样的状态：如果我的竞赛真的失利了，那我只能说"我太笨了"而不是说"我做的题太少了"。

前面我说了一些关于学习的看法，但其实经验的介绍对于他人的学习也总是只能起一些锦上添花的作用，真正起决定性作用的还是自己的努力，我希望同学们在高中毕业之后，都能霸气地说出这样的一句话："我的高中三年会因为我更多的努力而变得更美好。"

数学之我见

学数学绝不是死记硬背，更不是成天疯狂刷题的题海战术，而是需要对各个知识点以及对它们之间关系的领悟。毕竟做过的题不可能一直全部记得，当你真正领悟好了，你便会觉得学数学并不困难。

姓　　名：储成杰
录取院系：工学院
毕业中学：华东师范大学第二附属中学
获奖情况：2010 年全国高中数学联赛一等奖
　　　　　2011 年全国高中数学联赛一等奖

在这十二年的学习生活中，与我接触最多的便是数学学科的竞赛。正是出于对数学的兴趣及热爱，才促使我充满斗志地去解决数学中一个又一个的难题，并且越来越痴迷于其中。在此，我作为一个数学爱好者，谈谈这些年来我在数学学习中所得到的一些心得与体会，希望对那些在数学海洋中迷失方向的同学有一点点的帮助！

数学本身并不枯燥

也许在很多人看来，学数学，特别是搞数学竞赛是个极其枯燥、乏味甚至煎熬的过程。因为你常常会遇到这样的情况。当你读完一道难题时，觉得自己无从入手。这时一大半的人选择了放弃，而对数学颇有兴趣的人，会再去静静地思考、冥想一会儿。也许一刻钟、半小时以后，你仍旧不知所措，面对题目毫无思绪。于是那一小半人中的又一大半决定放弃。余下不多的人凭借着自己对数学的热爱和执着，坚决要再尝试一下，可能就在这时，一个巧妙的想法在脑中浮现了出来。这时整个人会特别兴奋，因为你终于对题目有了思路。然而现实总是比较残酷，就算你有了好的思路，往往做了两三步以后，你会发现又没辙了。那余下的一小部分人又有一些放弃了。虽然是放弃，但依旧可喜！因为当你从没思路到有思路，在这个思考的过程中，你回忆起了许多自己以前学过的东西，并且整理完善了自己的思路体系，也算是有不小的进步和收获了！而对于最后几个继续在努力思考题目的人，他们知道，既然有了思路，离成功也就不远了。想必最终做出那道难题的人也全在他们之中吧！那种做出难题时的兴奋与激动便是数学带给数学爱好者们继续努力的最大动力。

我时常觉得，做一道难题如同去寻找一座"宝藏"。题目越难，"宝藏"就越大，自然去探寻它的人也就越多了。但往往在半途中，迷失方向、选择放弃的人也就更多，因而最终找到"宝藏"的人必定是无比激动、喜悦的，这也将是他们寻找下一座"宝藏"的动力源泉。

所以，只要肯勤于思考，不管收获是多还是少，总还是有的，有了甜头自然也就有了动力。要知道，数学只会让本身就对数学没信心的人感觉乏味、枯燥，但却会让充满求知欲、有信心、想挑战自我的人更加痴迷于其中。

数学绝不能有背诵的成分

无论在父母口中还是在绝大多数老师口中，都常会听到这样的话："学习的公式越来越多，要记得背熟！"

在我个人看来，前半句相当正确，而后半句则很不提倡。先说说背公式有哪些坏处。首先，人脑不是电脑，背公式会忘记。这不是记性好坏的问题，而是时间长短的问题。只要是背诵的东西，基本上总会有忘记的一天。就算有人记忆力超强，能长久地过目不忘，但要知道考试要求你能灵活应用公式，而不是单纯的公式默写。在考试时，如果心里还惦记着某个公式不要忘，往往会极大地影响思路，并牵制做题的速度。其次，从长远来说，背诵只是一种暂时性应付考试的手段，对学习本身并无益处。同样的道理，背题目更是一种让人觉得可笑的荒唐行为。

事实上，对公式的理解比背一个公式重要得多。公式之所以能成为公式，是因为它必定是一种解题"经典方法"的提炼。一旦你理解了公式的由来，明白了它为什么长成这个"模样"，并且领悟到了这种思想方法的好处，能运用到题目中去。你不但会觉得这个公式看上去更自然、更显然了，而且即便你忘了它，你也能继续用它的思维方法去解决题目。

一样的道理，学数学绝不是死记硬背，更不是成天疯狂刷题的题海战术，而是需要对各个知识点以及对它们之间关系的领悟。毕竟做过的题不可能一直全部记得，当你真正领悟好了，你便会觉得学数学并不困难。同样再去看很多所谓的难题，会觉得是简单的，做法也是自然的。对于那些真正的难题，也只要通过领悟，对一些关键步骤有一点点的记忆，即使过了很久再碰到，一样能做出来。

做题时的困惑

当我们对数学充满热情，也大致知道该如何学数学时，并不等于就能学好数学。在做题时，我们还常会遇到各种各样的困惑。

有时，在一道题实在解决不了时，我们会去翻看解答，却时常会被答案给蒙住。因为也许答案的第一步就太让人出乎意料了，其做法根本不可能想到。甚至还会觉得答案的第一步似乎与原题没啥很大关系，可

竞赛也给力

是就这么顺着做下去，做着做着，就证明出来了。

通常，新手在这时又不知所措了，"数学太深奥"之类的感慨也全出来了。其实问题出在编者身上。做这类题，往往需要先通过猜测、拼凑、找规律等最原始、最基本的方法找出题目的答案，再从答案出发，找出一个理由说明这个答案是对的即可。而许多教辅书上，常常会忽略说明这些与论证无关却对做题有实质性作用的思路、步骤，使得原本技巧性不怎么高的题目，瞬间变得让人摸不着头脑，即使看完了答案仍旧是云里雾里的感觉。这些困惑便经常会给新手带来极大的困扰，也是我们做题时要多加小心的地方。

学好数学需要相当多的自信心

在此，我想用一些自己的例子与大家分享，希望对大家有所启发。我之所以能学好数学，除了本身对数学的一点点兴趣外，关键在于一段意外的经历。

上小学时，在班中数学一直处于中流的我对数学并不痴迷，也不会相信自己能有潜力去钻研数学，更没有去向上拼搏、奋斗争取前列的想法。然而四年级时，一次偶然的机会，数学成绩普通的我在数学测验中竟得了一百分。虽然班中也有很多人得到了满分，但是我心中对数学的热情之火，一下子被点燃了起来，激发了我对数学极大的自信心与拼搏精神。即使最终回到家才发现，试卷中存在老师没有发现的错误，误将我的卷子改成了满分，我仍旧欣喜若狂，对数学充满自信。之后的测试中，我便有了目标，更有了信心。从五年级开始我便常常在班中数学取得第一，正是那股自信向上的劲儿，一直推动着我前进，直到如今我能在数学竞赛中获得大奖。

而在平时的数学竞赛课中，无论周围面对怎样的同学，我总会自信地将自己看作所有人中最棒的。当遇到其他人都解决不了的难题时，我

数学之我见

作为自己心目中的强者,似乎肩负着一种责任,一定要攻克这道难题。正是这种压力与自信的双重作用下,人时常可以激发出很大的潜能,于是就算是稍难一些的题目,也往往都能马上被迎刃而解了。面对这样一次又一次的挑战,在平时的数学学习中,我也会更加刻苦努力,争取每一次都将难题顺利解决。这便是自信所带来的良性循环。

自信的力量不单单在于它能激发人的活力和潜力,更是一种积极良好的心态,能使你在关键时刻发挥出色。

进入高中,身边厉害的人也一下子变多了。虽然竞赛的次数减少了,但每一次的比赛更算得上是一次次生死间的抉择。面对实力与我相当的竞争对手,唯一还能依赖的便是良好的心态。只有当你有了良好的心态,才能让发生失误的概率降到最小,有更多的胜算。回忆起高三最后一次参加高中数学联赛,由于一试的难度比往年大了许多,使得原本就不充裕的时间显得更加紧迫。许多即便是训练有素的选手也因为紧张导致粗心,比平时训练中多错了好几道小题。而我仍旧以那平静而充满自信的心态,沉着冷静地面对比赛。最终没有任何粗心地拿到了所有该拿的分,正是以这样的优势,才取得了超前的名次。

由此可见,信心是学好数学的强大动力,能使我们在学习数学的道路上走得更加顺利、通畅!

家长与教师的作用

毫无疑问,在学习生活中,老师给予我们的帮助是最大的,但要想学好数学,一味地跟着老师走是绝对不行的。每个人都是不同的,有自己的优势、劣势及强项、弱项,而老师总是以千篇一律的方式教授着不同的学生,并不十分了解每个学生的个体差异。真正了解自己什么地方有欠缺需要补充的只有你自己。老师在学生学习生活中最大的作用,是为学生指引正确的方向,以免学生走弯路。但脚下的路还要学生自己走,

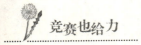

竞赛也给力

许多难以理解的知识还是要自己去慢慢领悟的。

除此之外,老师与家长还有一个相当重要的作用——给予孩子学习上、精神上极大的支持与鼓励。父母是孩子最亲密的人,也是孩子最好的老师,应当与孩子多交流,多给予鼓励和支持,孩子才会更有信心地以一颗平常心去努力拼搏。老师则可以将更多的目标以使命的形式寄托给学生,并给予更多的希望与信任。让学生可以充满士气与斗志,怀着一份责任感去为校争光。这样,学生才会发挥得更加出色!

三年磨一剑

> 要记住最终的拿奖是对你探索科学的肯定,而不能作为学习竞赛的目的。如果仅仅是为了升学的筹码而去学习,那么只有浪费时间和精力了。

姓　　名:左煜坤
录取院系:城市与环境学院
毕业中学:上海市实验学校
获奖情况:2011年全国高中学生化学竞赛(省级赛区)一等奖

在化学竞赛这条道路上,我最终通过自己的努力获得了比较理想的成绩。然而,这条路绝非成功的捷径;同时,这也绝非成功的唯一因素。事实上,参加竞赛需要投入许多时间和精力,而坚持到底恰恰是最困难的;获奖也仅仅是取得保送候选人资格,若是没有在复赛中直接被录取,还要经历更加严苛的考验,如保送生考试、面试等。因此,没有一帆风顺的坦途,只有一分耕耘一分收获。接下来,我将从学习方法和心路历程两个方面来介绍我自己这一路的经验和故事。

学习方法

1. 竞赛不是康庄大道

许多高考的同学在高三的最后,总会说竞赛的保送生们有多么轻松,

竞赛也给力

相信参加竞赛的同学们都遇到过这样的情况。事实上,没有亲身经历,就没有真实感受。这里我要跟这些参加高考的及准备冲击学科竞赛的同学们说,竞赛并不是一条康庄大道,不仅每个周末都必须挤出半天甚至一天的时间来学习竞赛知识,而且就算付出了如此多的努力,结果也不一定尽如人意。更重要的是,这两年多的时间你必须要从头坚持到底,否则将前功尽弃,颗粒无收。因此,参加竞赛前须三思,自己是否有这种恒心和毅力。

2. 兴趣首要

就我个人而言,我从小就对科学中奇妙的变化感到好奇,而且这种爱好并没有随着我的逐渐成长而消退,这也正是我在高中准备参加化学竞赛的最主要动力。而在竞赛学习中,我们接触的都是一些艰深、难懂的知识,若是没有对学科足够的热情,便无法主动去了解知识,而若是丧失了主动学习的积极性,就很难坚持下去。因此,要不要学习竞赛,首先考虑是否在这门学科方面有浓厚的兴趣。要记住最终的拿奖是对你探索科学的肯定,而不能作为学习竞赛的目的。如果仅仅是为了升学的筹码而去学习,那么只有浪费时间和精力了。同样的,兴趣不完全是天生的,后天也可以培养。从小多看科普类的书籍,保持对科学的一份好奇心,尤其是养成探究和提问的习惯,这些因素都是兴趣的根源。

3. 基础知识优先,做题放在最后

今年我在高三时,我们学校已经有高一的同学问我要竞赛的题目了。但是,在基础知识并不完备的情况下,我并不赞同过早开始做竞赛题。从学习的角度说,竞赛知识繁多而复杂,一遍学习下来肯定不能全部弄懂,因此需要对基础知识进行反复的回滚,这样才能完善自己的知识体系,为后面的练习打下牢固的基础。而从练习的角度看,一道题目可能只涵盖一个很小的知识点,做再多的题,就像在箭靶上射再多的箭,也不能包括全部,只有知识面齐全,练习才能起到查缺补漏、巩固知识体

系的作用。最后,从竞赛本身的角度而言,最后的考卷是为了检查你的学习能力,而不是做题量。竞赛题型千变万化,做模拟试题也最多只能达到熟悉题型、模拟考试环境的功效,要想靠考前押题是根本不切实际的。所以,我在高一高二两年一直在反复学习竞赛的各个知识点,而并没有着急开始做题,到了高二的暑假才开始冲刺,最后以每天一套的速率快速完成了历年试题和模拟卷的解答,而这样的节奏只有在扎实的知识基础上才能达到。其实,撇开竞赛,对一切知识都有着"基础知识优先,做题放在最后"的规律,只是在竞赛的高难度、高强度情况下,你是否能够依旧从容地履行这一准则罢了。

4. 利用网络学习

对于网络这把双刃剑,很多学生和家长,尤其是希望认真学习冲击名校的同学们,往往都看到了诸如网瘾之类有害的一面。其实,网络只要合理利用,就是一件非常有力的工具,特别是对竞赛学习来说。对于竞赛这种知识涉及面广,又有深度的项目而言,互联网无疑是最好的查找手段,无论是哪一本文字资料,都比不上"百度一下"。我在刚接触化学竞赛时,靠着对百度百科中一个又一个化学词条的阅读,对整个知识体系达到了一个初步的了解;而在学习的中期,许多网上奇妙的小发现都能让你对学科竞赛的学习增添热情,同时也能帮助你更生动形象地了解一些概念,比如我就用过 ChemSketch 来观察和自己搭建有机分子,用"仿真化学实验室"来自主设计化学实验等(这些软件都能在网上直接下载)。在最后的冲刺阶段,我也通过网络提问搞懂了一些难题和概念。此外,网上也有许多课程录像,还可以通过 E-mail 与名师教授交流。因此,对于家中有能力上网的同学,一定要好好利用这一工具。同时,上网也要有限度。我的方法是,每次上网之前确定时间,确定需要查找的所有资料和内容,并记在一张便笺纸上,到时间或者完成了学习任务便关闭电脑。当然,这里所述只是怎样利用网络学习,至于其他功能,则一定要与学习划清界限,不能互相穿插,否则上网不仅不能起到促进学

习的功效，反而可能导致网瘾。许多家长担心学生借学习之名行游戏之实而禁止学生上网，其实作为学生的我们更应该理解这两个方面的区分。

5. 业余性与区域优势

谈了这么多竞赛的事，还是要强调一点，竞赛不是你的职业，作为中学生还是要以学校的功课为主，而竞赛一定要当作一个业余补充来看待。学校中的语、数、外，都是一些十分关键的基础课程，而其中如数学之类，更是你学习竞赛必不可少的工具。若把学校课程的精力都放在竞赛上，那么竞赛、学校功课都不能学好，还会误许多时间精力，一旦竞赛没有取得理想成绩，便成为个人无法弥补的损失。更何况学科竞赛本身是为业余选手设计的，并不会、也没有必要达到职业的高水平。把竞赛作为常规课程的业余补充，就是指利用业余时间而不是学业时间，学习某门学科更深入的知识，平时在这一点上我们必须做到主次分明。只有在竞赛的冲刺阶段，当你有信心冲击奖项的时候，才可以在短期内减少课业时间来准备竞赛。

然而说到业余性，又不得不退一步提一下上海、北京等地的区域优势。在上海，每年的业余化学学校都能培养出许多一等奖。而在一些人口多而竞争激烈的区域，省内选拔相当激烈，确实存在只有职业竞赛选手才能晋级的现象。在这些区域，选择参与竞赛就更要慎之又慎了。最近国家出台学科竞赛的省一等奖选手取消加分政策，或许可以减少省内竞争的压力，从而基本保证学科竞赛的业余性。

6. 自主招生、高考、竞赛的三重抉择

最近几年，自主招生渐渐进入我们的视野，成为了一种全新的选择。但选择多了，疑惑也就多，尤其是对于即将面对自主招生、高考、竞赛的三重抉择的竞赛生们而言。高考自然不用多说，是时刻不能放下的，但面对初来乍到的自主招生，需要怎样把握机会呢？其实，自主招生对于竞赛生来讲，既是机遇又是挑战。现在的竞赛生，面临的不再是一条路走到黑的窘境，而是拥有了越来越多的机会，如保送生考试、联考等一系列自主招生考试。竞赛没拿到奖牌可以参加保送生考试，保送生考试没过可以参加联考，即使这些考试都没通过的话，学生依旧可以享受各高校自主的高考优惠政策，即各种线上加分、降分录取之类（因此取消省一等加分政策并无大碍）。这些机遇使得参加竞赛的出路变得更加多元化，而从我本人的经历看，我就是自主招生政策的受益者。然而，在另一方面，自主招生也给竞赛生们提出了更高的要求。自主招生的考试科目是全面而略有深度的。虽然在竞赛的学科内竞赛生们可以轻而易举地完成解答，但是这也意味着竞赛生必须在其他学科方面有所涉猎。因此，提升知识面的广度，甚至对各门学科均有所深入地学习都是很有必要的。

7. 全面发展不偏废

自主招生给了我们一个全新的挑战，那就是要全面发展，不能偏科更不能放弃任何一门课。我在这方面曾经吃过苦头。在 2011 年 12 月，我参加北京大学保送生考试时，我自认为物理一门不会太难，还可以让化学补上，可是后来才知道，自招考试的难度相当于准竞赛，而且自招考试同样每分必争、竞争激烈。我最终以物理 12 分（满分 100 分）的遗憾未能获得保送资格，只能在下一次的机会——联考中争取已为数不多的保送名额了。在寒假中我花了很多时间来找到物理的感觉，最后联考中我物理得了 36 分，相比第一次的 12 分已经算进步神速了。这一次的失败教训及之后的及时弥补，让我真切地体会到了在自主招生中全面深入学习的重要性。因此，如果竞赛失利没有获得奖牌，请抓紧时间补充知识面冲刺自招，亡羊补牢，为时不晚。

8. 招生面试感悟

面试是自主招生中必不可少的一环。与笔试相比，面试更直接，更加个性化，也因此几乎无法针对性地复习。如果算上学校里清华大学和北京大学的两次校内面试，我也经历过了总共 7 次招生面试了，其中还有港大的两次全英文小组讨论。这些面试各有各的特色，很难具体说有一个固定的模式。然而，对于自主招生面试，我们还是可以做一些适当的准备。首先，自招的提问会涉及许多社会热点问题，所以可以搜集了解时下的社会热点，关注网络、报纸、电视等媒体上的精彩时评，并做适当积累。其次，在面试前 2 周左右，可以加强训练对一个社会话题发表看法并现场口头表达的能力，比如制作一些面试题的纸条，从中一条条取出，然后自己在 30 秒思考时间（可以稍微做笔记）后发表 2 分钟的口头评论。这个过程锻炼的是表达能力和逻辑组织能力，这些是面试中着重考查的地方。最后一周再进行自我介绍的撰写和磨合，一般 1 分钟的自我介绍 500 字左右，但是不能背出来，要通过自己的思路现场表达，同时，自己在脑中也无需反复回滚这份自我介绍，否则到真正讲的时候反而会缺乏热情，难以出彩。此外，有一点也是许多"面经"中提到的，那就是不需要在意问题回答的对与错，只要言之有理，思路清晰即可，许多问题并没有绝对的答案。总之，对面试的准备不宜过长，关键是放松心态、从容应对（当然首次参加面试紧张是在所难免的，我在参加清华大学的面试时也因为过于紧张而没有通过，人总要跨过这第一道坎），并做适量的准备。

9. 出国读本科——另一种选择

以上我所提到的都是在国内高考的情况，而随着中国与外国在教育方面交流的不断深化，出国读本科也开始渐渐风行，在我的高中班级中便一共有 5 位同学选择出国读本科，所以我对此也略知一二，在这里简单介绍一下。传统意义上的出国读本科是指去欧美等地的名校，如美国的常春藤盟校、英国的牛津剑桥等地。由于招生名额少，且申请方式与国内学习几乎没有交集，因此即使是优秀学生也需要最晚在高一下半学期就开始准备，并放弃国内高考。申请这些学校需首先通过语言能力测试——TOEFL（托福）或 IELTS（雅思），之后若是申请美国的大学，还要参加美国的大学入学考试——SAT，其中分为语言和数理两个部分（SAT I和SAT II），最后通过ETS（美国教育考试服务中心）的网上申请流程自主选择学校进行申请，其中有些材料可以请出国中介帮你做，但推荐信、Essay等材料仍需自己完成。总的来说，申请的过程很艰辛，但结果很美好，就是能去世界上排名很靠前的名校就读。这方面更详细的情况能在网上搜到，有兴趣的同学可以自己去了解，我这里不作为重点，就不再赘述了。

然而，出国读本科还是需要有一些必备条件。首先，英语能力要特别突出，否则即使出国，上课时过不了语言关也是徒劳；其次，出国读本科及去香港读本科的费用往往较高，若不是成绩特别突出，又很难获得奖学金，所以不建议家庭经济情况不好的同学尝试；最后，一个人孤身在国外求学，尤其是对刚毕业的高中生来讲，是对心理能力和适应能力的巨大挑战，如果自己或家中对这方面不是很有信心，也需慎重考虑出国。

心路历程

前文我介绍了许多学习方法和各种升学之路。而纵观我在高中三年，尤其是高三一年的经历，确实也经历了许多坎坷，所以接下来我就将介绍一下我自己这一路的感触，同大家分享。

1. 人需要有长远而恒定的目标

进入高中之后，大多数同学都会为自己这三年乃至之后的大学生涯定下目标，比如准备冲击高考、本科出国或者参加竞赛等。这些目标可以让自己更明确下一步的规划，理清思路，确定方向。但是，目标也有一定的要求，而对这种目标的把握更是决定了今后的成败。首先，目标适合自己是最重要的，千万不能贪图便利盲目跟风。前文已经提到过，无论是竞赛、自主招生还是出国，都是充满曲折的道路而非捷径，并且

充满风险,只有适合自己,才值得你选择。同时,在适合你的目标中,也要把目光放得长远些,尽可能选择能将你的能力发挥到极致的目标。而后,便是目标要恒定,不要因一些小的成败轻易地改变自己的目标。我在高一时便把目标锁定在了竞赛保送之上,因为这符合我的兴趣爱好,也最能发挥我的能力。虽然几次化学业余学校的考试成绩我并不算上出彩,但我没有放弃。在高一暑假中,我到美国参加了为时三周的游学,回来之后有点动摇,打算走出国读本科的道路,然而高一以来一直坚持的竞赛目标最终让我打消了这一念头。确实,只有这样长远而恒定的目标才能指引我走到最后。

2. 面对挫折时的坚持与把握

如果说,高一高二时竞赛保送还只是我的一个遥远的目标的话,那么到了高三获奖之后,取得保送资格就成为我最后冲刺时的信念了。然而,这个过程却并没有想象中的顺利。在市队选拔中,我因实验失误而无缘复赛;一个月后,我在清华大学面试选拔中再次遭到淘汰;12月,我参加北大保送生考试,又一次失败。在这一次次的挫折之后,我并没有放弃自主招生,而是在接下来的寒假中抓紧复习,备战最后一次机会——联考。在联考中获得保送的机会的确很少,相当于一场复活赛,但我还是拼尽全力去迎战。显然,最后来之不易的保送资格是对我一直坚持信念的肯定。而从另一个角度说,坚持不仅仅来源于自身信念的动力,更来自于对挫折和失败的态度。对待这些挫折,应该冷静地吸取经验教训,并在下一次机会来临时以更加轻松自信的姿态来应对。在清华面试的失败中,我收获了面试的技巧和策略;在保送考试的淘汰中,我也懂得了全面发展的重要性。因此在联考中,我就能够把握这些要领,尽力做到最佳。

3. Behind You(在你身后)

既然讲的是心路历程,那么也不得不提到那些不是在最前线,却默默为你付出的人们,即那些站在你身后的父母和老师。对于父母,同学们也许会遇到过这样的情况:无论大小考试,总是要把成绩问个彻底;在一些关键性的大考、面试之前,竟会比我们同学自己还要紧张,不断地盼咐、叨念……这种情况如果处理不好,可能会导致自己与父母之间的不快,甚至影响自己的状态。因此,就我个人的经验来看,首先要做的是调整好自己的心态,稳定自己的情绪而不慌乱。接下来,尝试着多与家长沟通,让他们了解自己的情况,这样可以起到很好的效果,因为家长的这些紧张情绪往往是不理解、缺乏信心而导致的。若是自己没有办法有效沟通,还可以找老师来帮忙。不管怎么样,父母总是爱你的,要相互理解信任,一定不要与父母产生不必要的矛盾。再来看老师,虽然一个老师要面对许多学生,但如果学生有很重要的事情求助,老师一定会及时予以帮助,所以不要胆怯于与老师交流。我在北大第二次面试前就找了学校的叶老师,让她帮助我修改自我介绍的稿子。尽管叶老师第二天要忙于紧张的高三复习课,但她仍然为我的北大的面试留到了晚上六点半,让我感激不已。我的老师给我的帮助还有很多,此处仅举一例。这正说明了老师对我们有着很好的辅助和引领作用,因此与老师的交流是十分关键的。

4. 社团活动——从其好而忌跟风

在高中阶段,当然不能只有学习,还有许多丰富多彩的活动。这里我简单介绍一下我在社团活动中的心得。我在高一时参加了理科杂志社——方圆社,但由于社长并没有组织活动,加上我与其他一些社员缺乏主动的意识,最后社团活动不了了之。在高一下半学期,我转到了有许多同班同学参与的模拟联合国社团。但是在接下来的一年半时间中,我并没有融入模拟联合国社团会场的气氛中,也找不到自己的兴趣点,换句话说,我在模拟联合国社团中并没有找到社团活动所应有的快乐与参与感,我并不适合这里。所以,在参加社团时,一定要根据自己的兴趣,不能跟风,更不能抱着功利的心理去参加,否则将事倍功半。

社团活动是高中生活中必不可少的一环,我们需要好好珍惜这些展现自我、收获愉悦的机会。

5. 体育活动——为了你的本钱

我其实一直不擅长也不喜欢体育,但后来在父母的鼓励和老师的劝说下,还是在高一高二时坚持游泳锻炼。到了高三才明白,在如此高强度的学习强度下,只有一个良好的身体状态才能保证学习的时间和效率,因此在这之前就多锻炼身体,存好这点"本钱"吧!

6. 保送后生活

在得到保送的网上通知之后,我们的心情都应该是兴奋异常的,但对于北大而言还有一条规定,那就是能参加高考的省份的保送生必须参加高考。而对于不允许保送生参加高考的省份,在短暂的放松过后,也需要适当调整作息,列出详细的计划。比如我在上海是不允许参加高考的,所以我就自主制订了英语的背单词计划;与此同时,我也每天到校帮助老师做些批改等工作。而在这种时刻,加深与参加高考的同窗挚友的友谊也是生活中很重要的一环,所以学校的如校庆、班会,甚至是早操都最好去参加一下,以此来重温这三年之谊。要参加高考的同学,也不需有太大的压力,每天跟着班级上课,轻松应考即可,高考成绩不会对保送结果有任何影响。但如果考得高的话就有可能获得新生奖学金及转专业的资格,所以最好还是尽力而为。

此外,在保送之后,多跟学长及教授联系(可以通过"未来北大人"社区寻找QQ群)。学长往往都会很热心地解答你的问题,而与教授的E-mail来往也能够给你一些关于大学的指导。多了解这些情况,准备好上北大吧!

后　　记

——墙里秋千墙外道

　　北大的精神是永远的，精神的魅力是永恒的。2012级新生稿件的审稿工作已告一段落。从刚刚成为"北大人"的高中毕业生群体中征文，并选出部分有代表性的文稿编辑成书，几乎已成为北大传统。这是一件相当有意义的事儿：刚成为北大人的他们离高考最近，是这场"搏杀"的胜利者，因而最有"发言权"；他们的故事，他们的经验，也是更多正在奋斗的学生和他们的家长、老师渴望知道的。这既是过来人对自己的一份总结和交代，更是对未来者的叮咛和期许。

　　字里行间，他们用文字筑造了一个绚丽斑斓的世界。这里有梦想，关于博雅未名，关于朱门前的石狮子，只那一瞥就钟情于此；这里有拼搏，争分夺秒，挑灯夜读；这里有技巧，各门学科，见招拆招，于手起笔落间论剑高考；这里有故事，或黯然神伤，或得意欢畅，尽显英雄意气；这里有思考，像快乐的芦苇，在生活中处处歌唱；这里还有感恩，父母，师者，长者，朋友，同学，深情厚谊，山高水长。这里有道不完的精彩。

　　沉浸在他们的世界里，会感到一股力量正在心中发芽、生长。这些文字都力透纸背。相当一部分的文稿都各具特色，各有千秋。但出于为读者提供更多的信息、更好的借鉴的意图，我们尽量避开了重复的篇目，以求内容的多样化。在此，我们向所有的投稿者表示感谢，没有你们的文稿，就不会有本书的出版。同时，也希望我们提供的文稿能让读者满意，这是我们最大的目标。然而工作量大，力有不逮之处，还请读者见谅。我们欢迎读者朋友提出修改意见，你们的意见是我们进步的动

竞赛也给力

力。"墙里秋千墙外道。墙外行人，墙里佳人笑。"作为编者的我们，想要做的，就是推倒这堵墙，让燕园之外的读者，也能看到其中的风景，甚至最终走进这座美丽的园子。

高考是人生的一道坎儿。进入燕园，确实是一幕完美的收场。但是，生活并非只有高考，燕园也并非代表着终结，而是新的开始。细细品味这些征文，充斥着它们的，早已不是单纯的高考。在高考之外，有着更广阔的生活，比如社会活动，比如兴趣爱好。如果读者朋友能在这些文稿中，看到"围城"之外的东西，那我们编者就倍感欣慰了。

编　者

2013 年 2 月